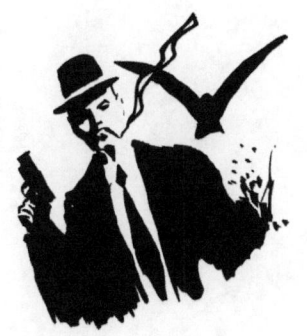

NudeArt Style #101

By

David Melani

Pubblicato
da

ALBATROSS BOOKS

II Edizione

Maggio 2017

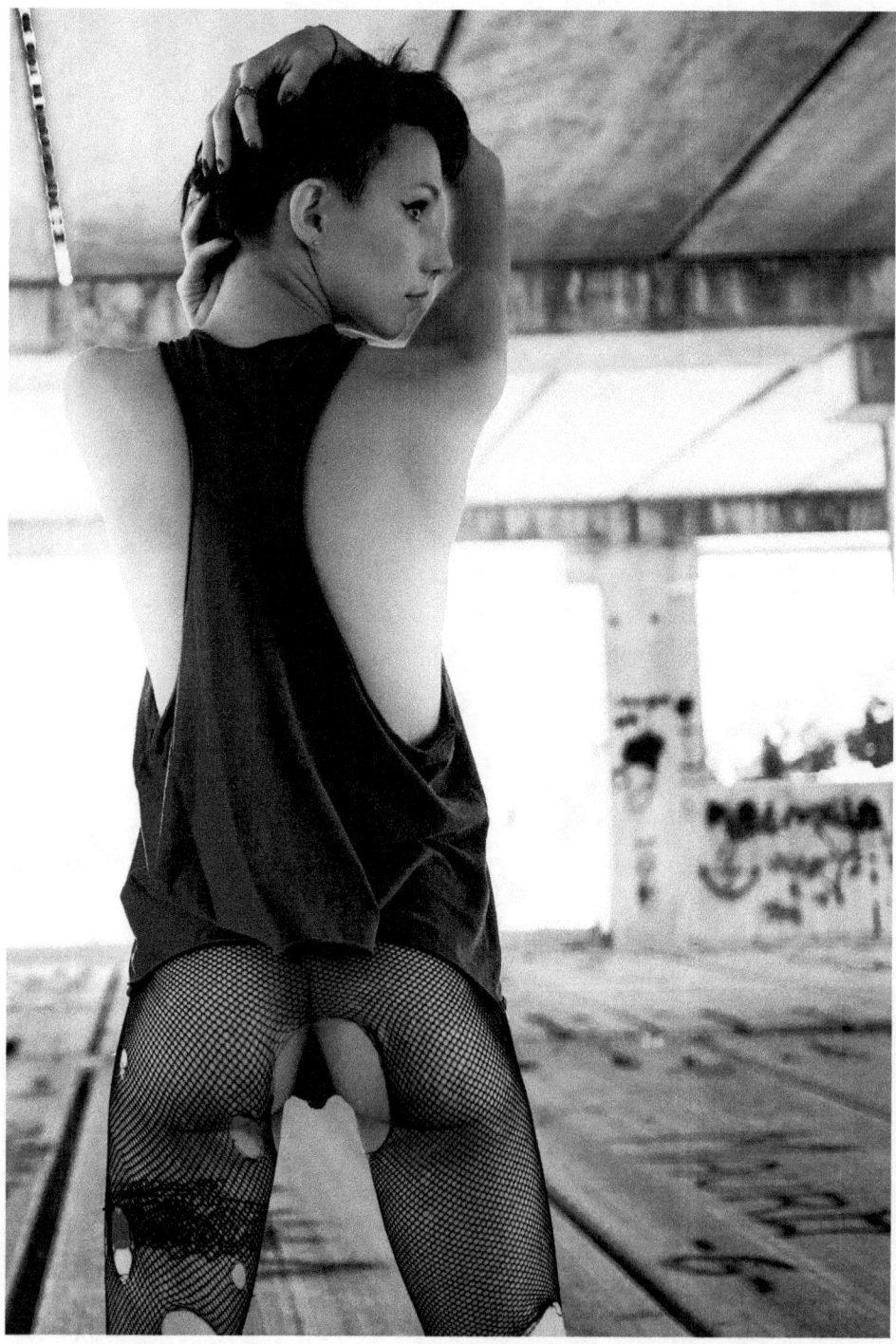

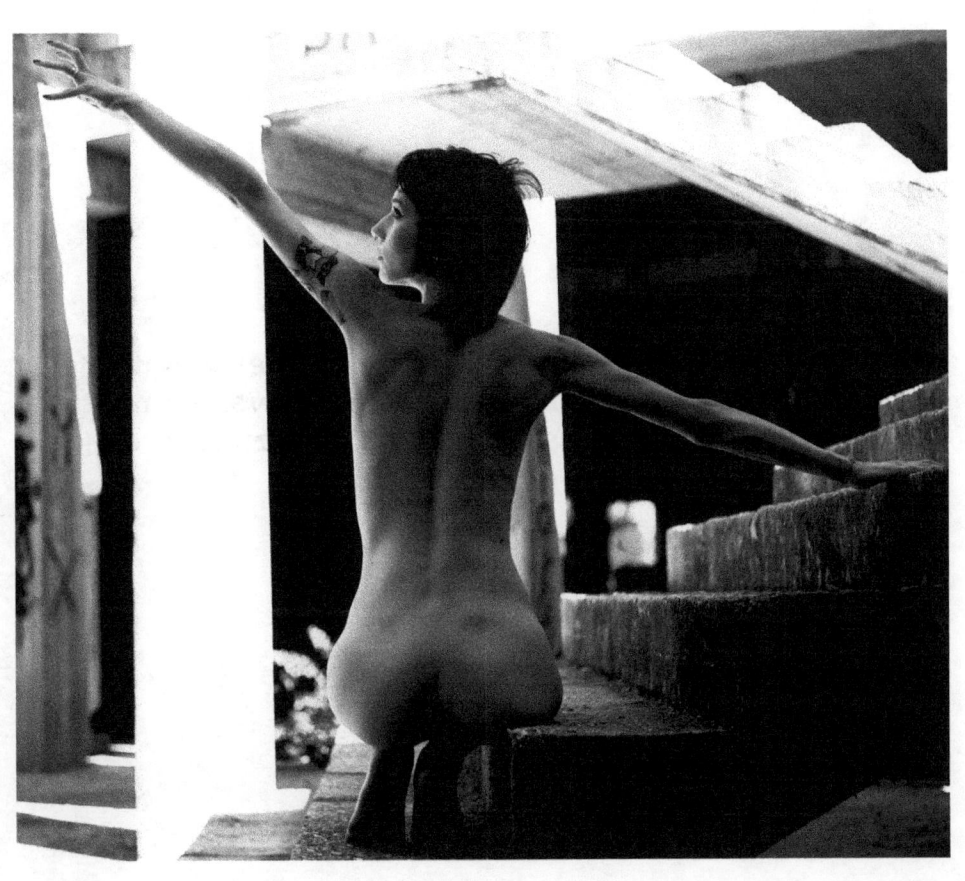

Quando la bellezza è troppa e troppo devastante, l'unica cosa da fare è guardare attraverso un obiettivo, fermarla, e sperare di non rimanere abbagliati.

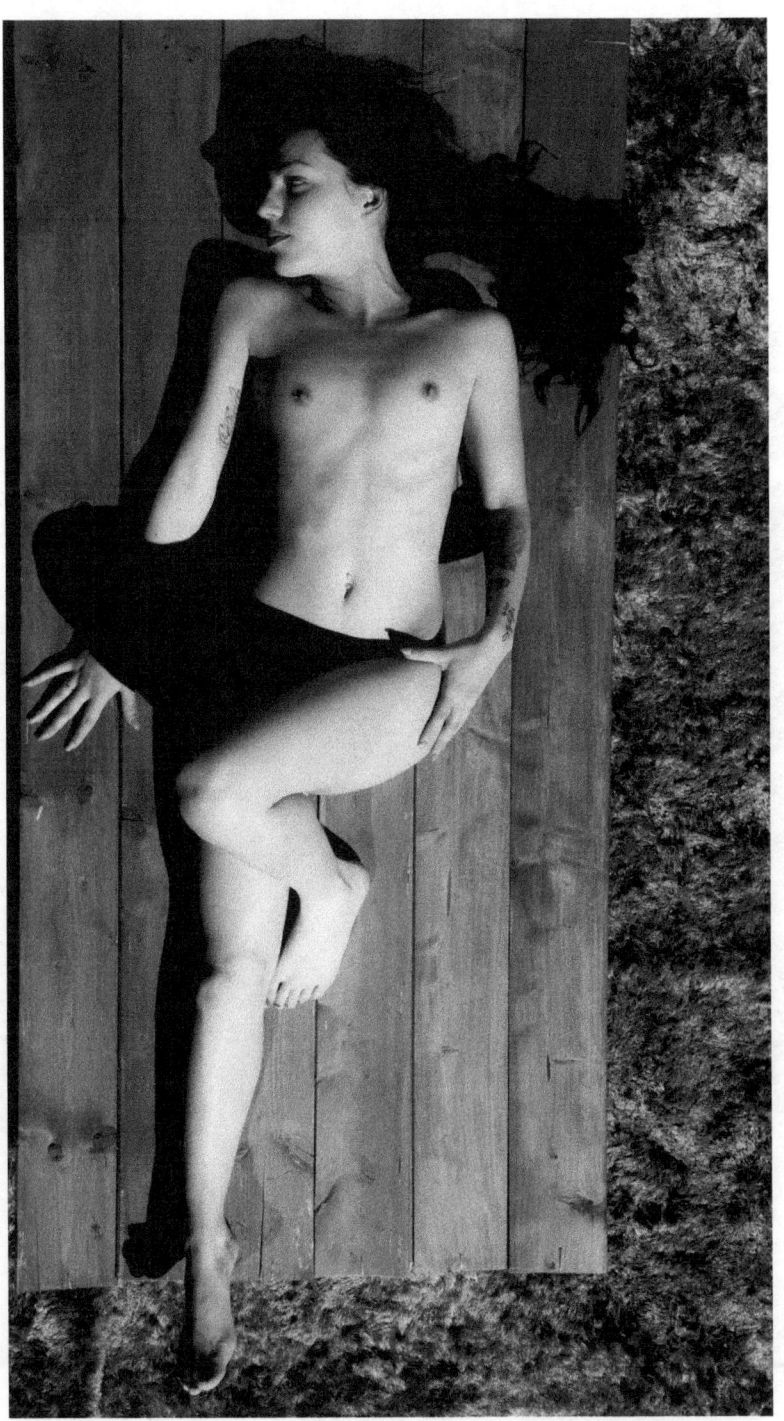

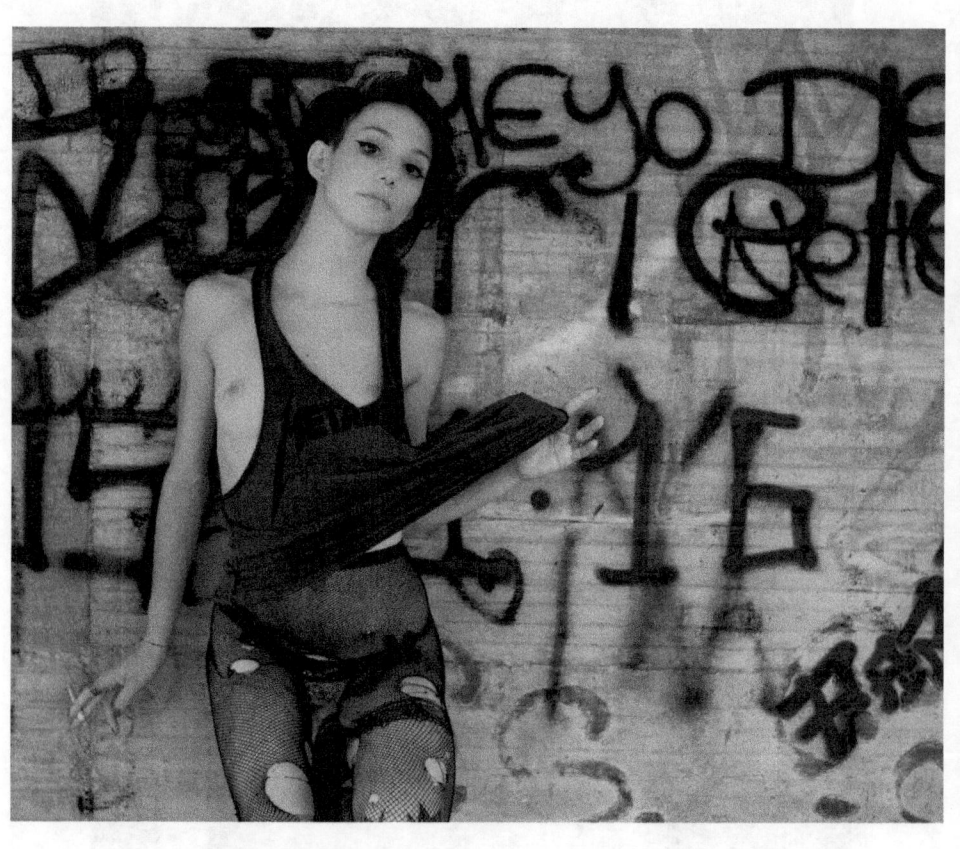

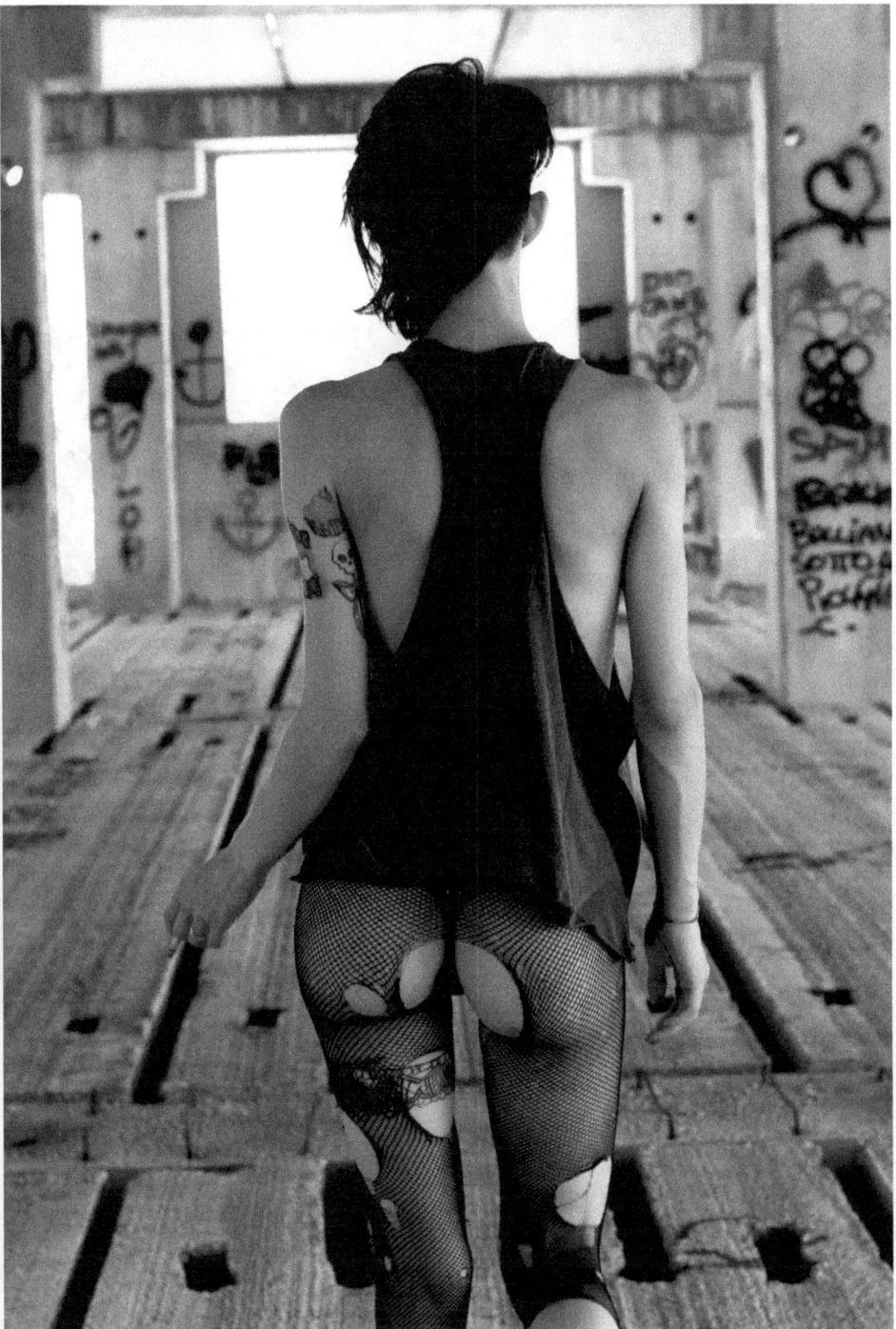

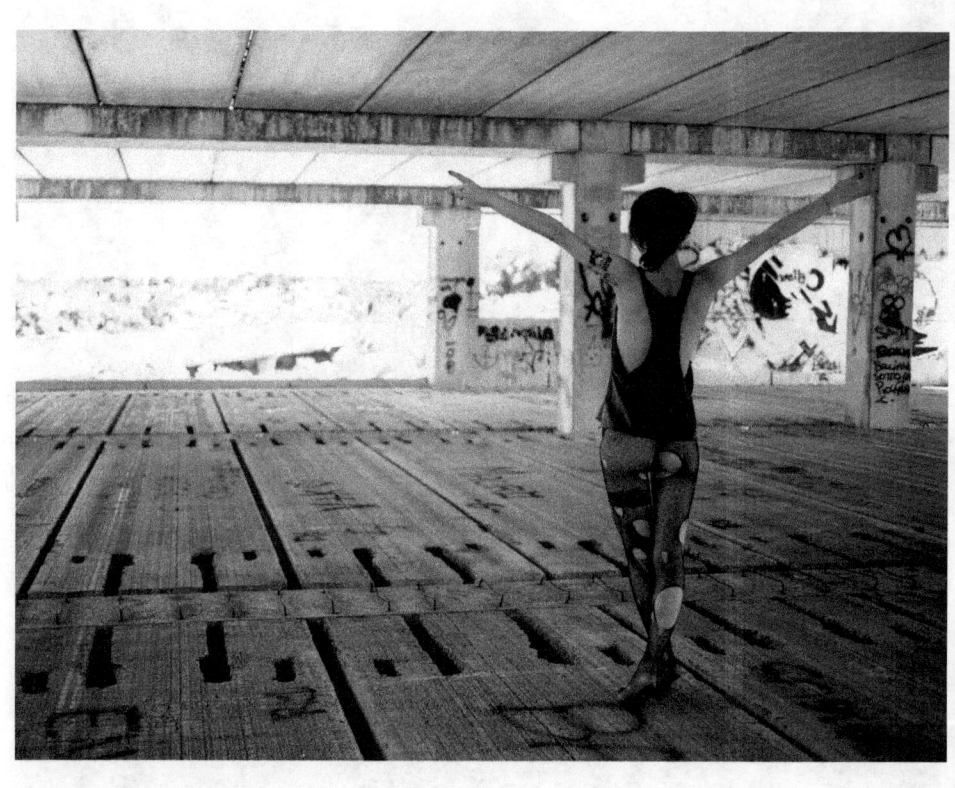

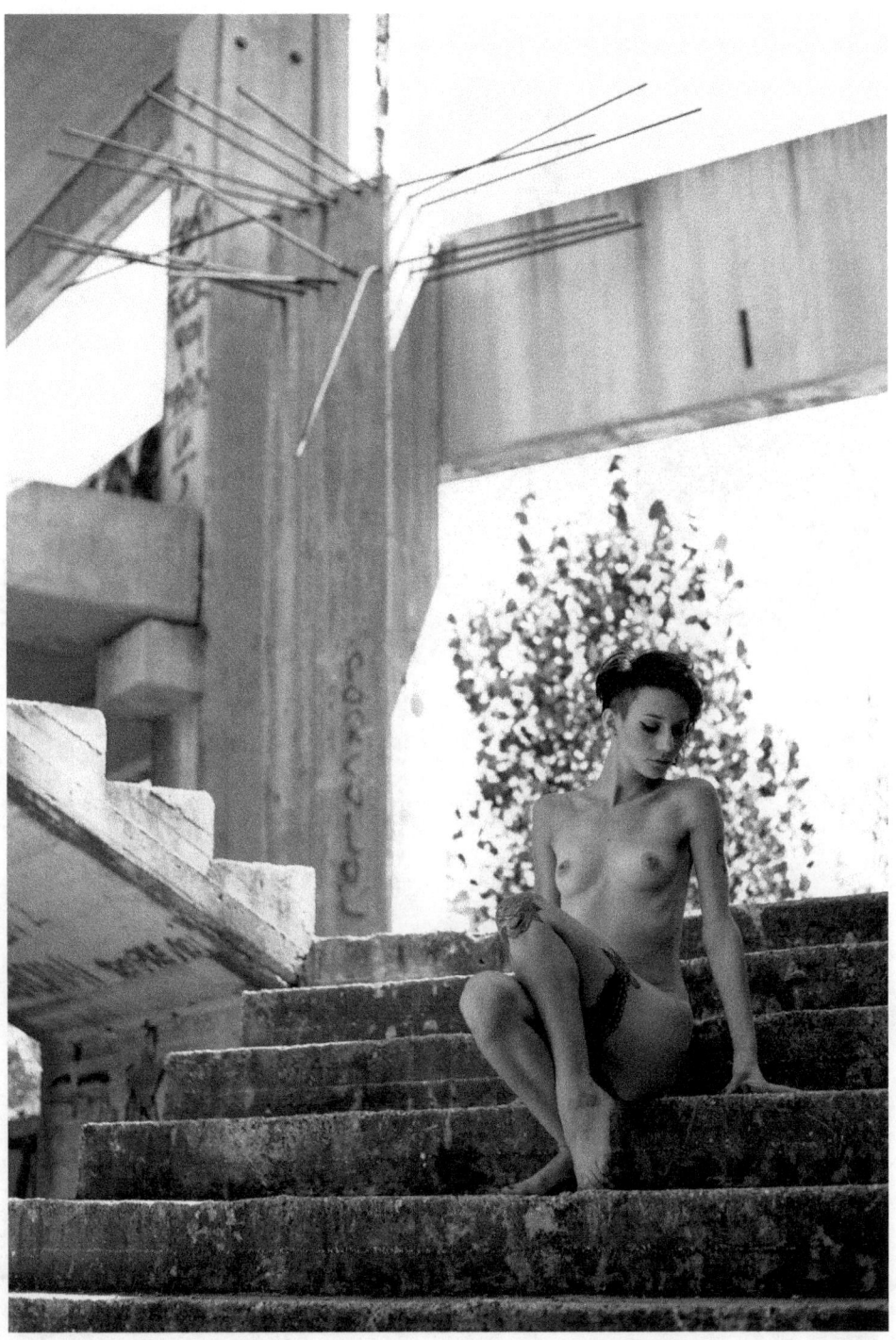

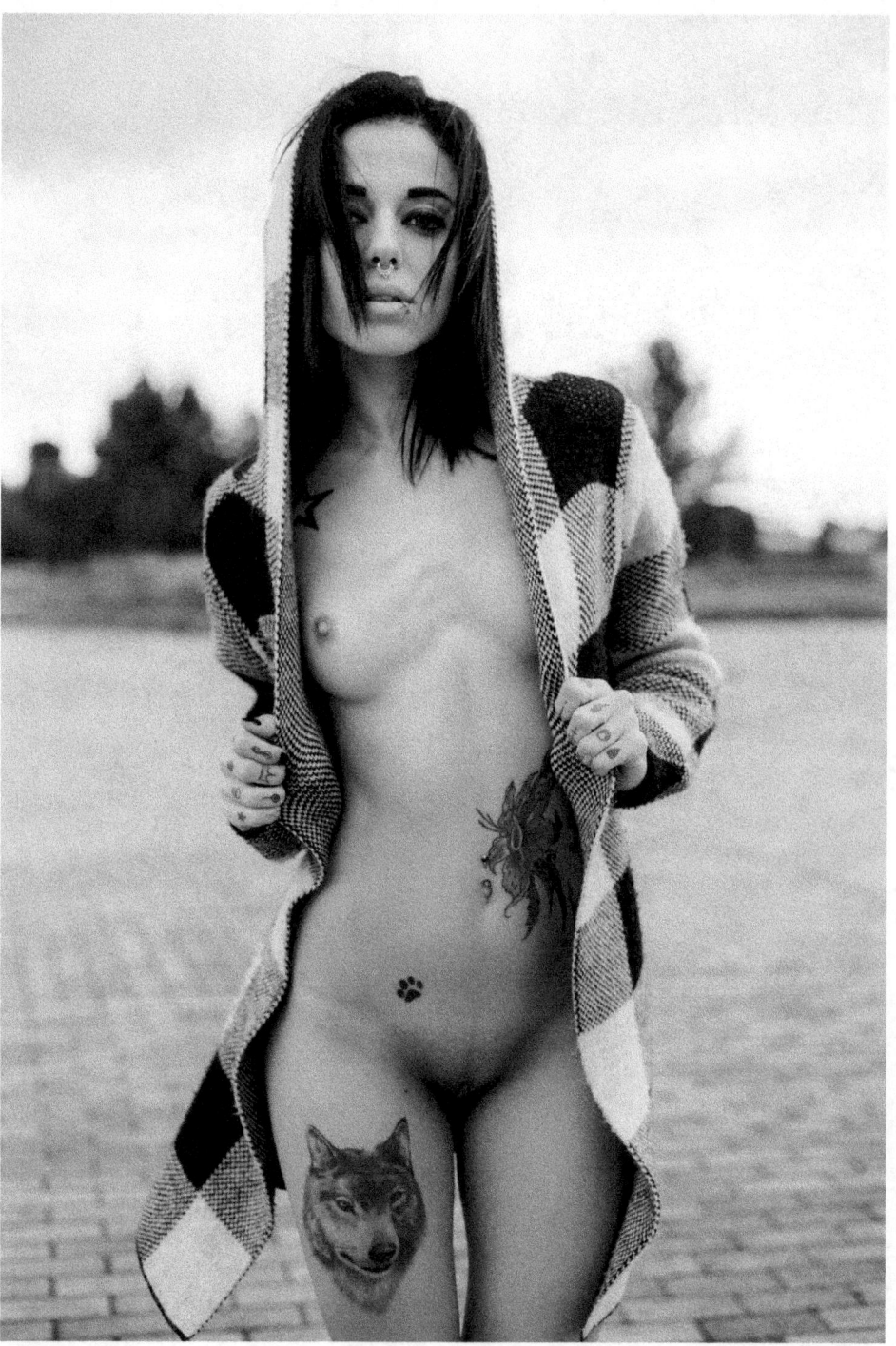

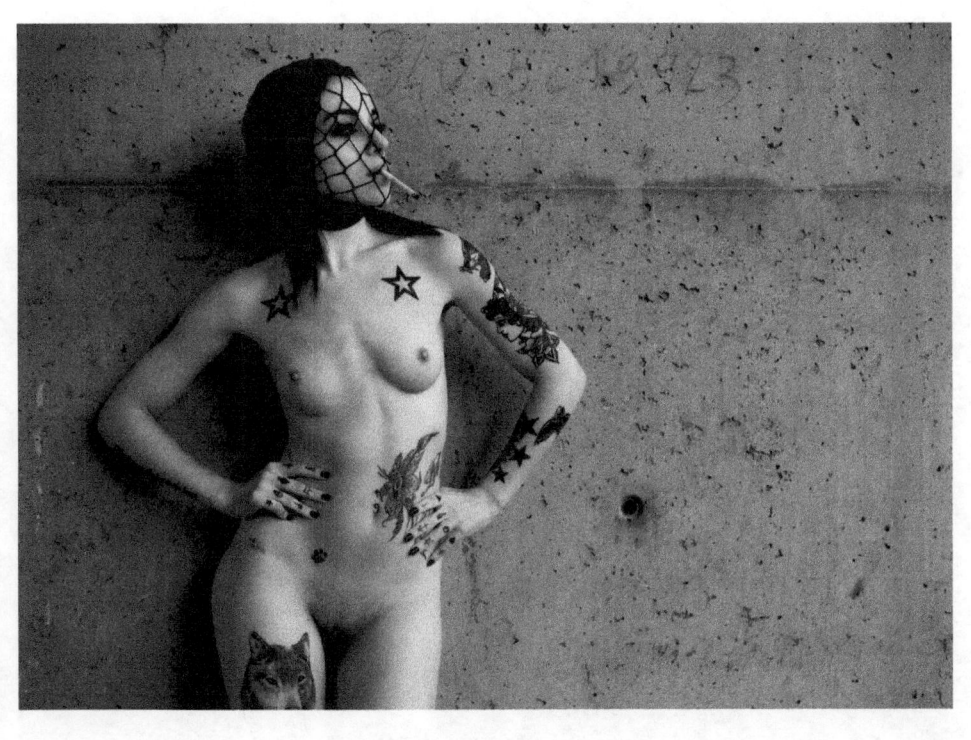

Come fotografo non sono mai stato aggressivo...
potente... dominatore dell'immagine. Sono solo
stato travolto dalla luce, e in molti casi anche dal buio.

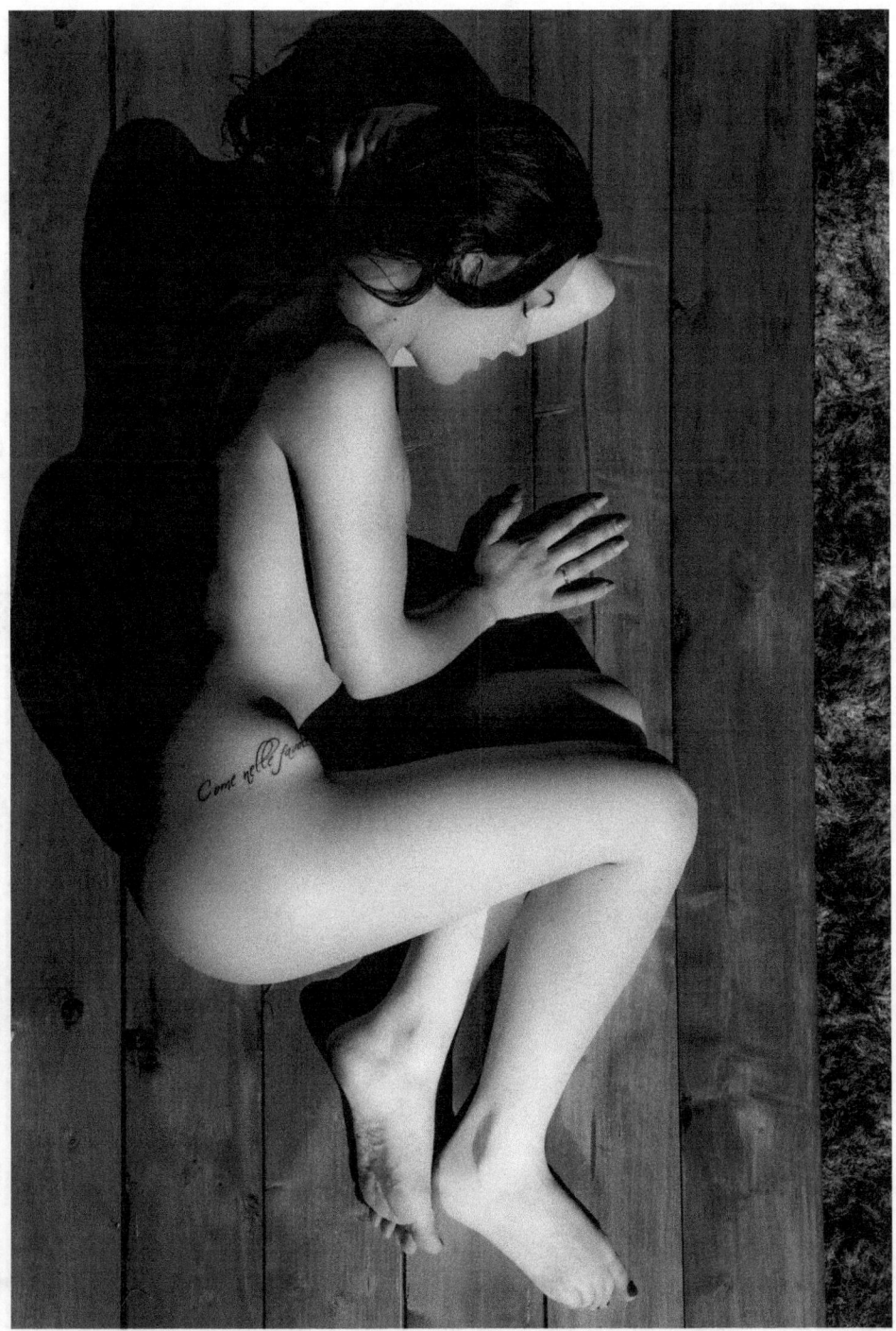

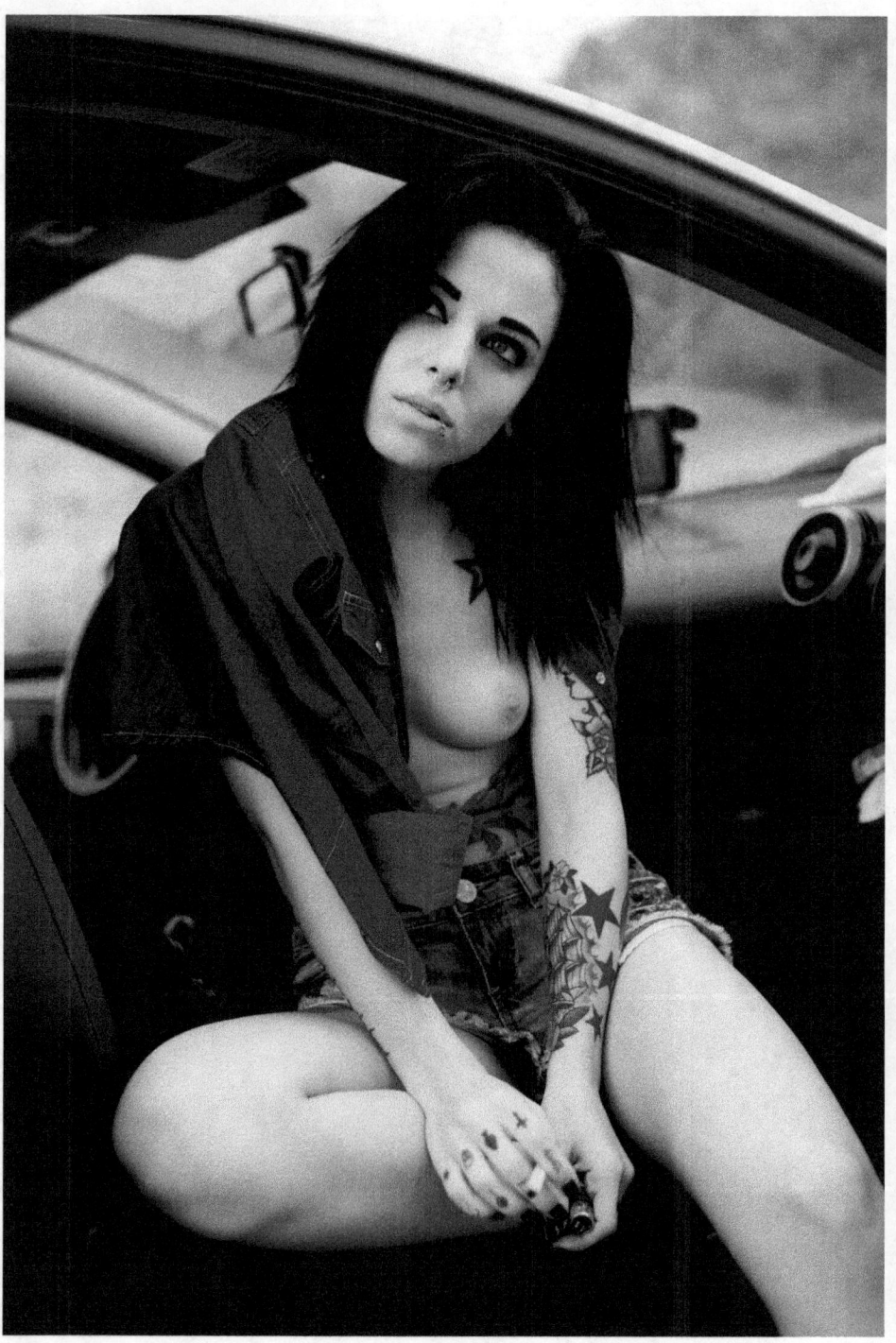

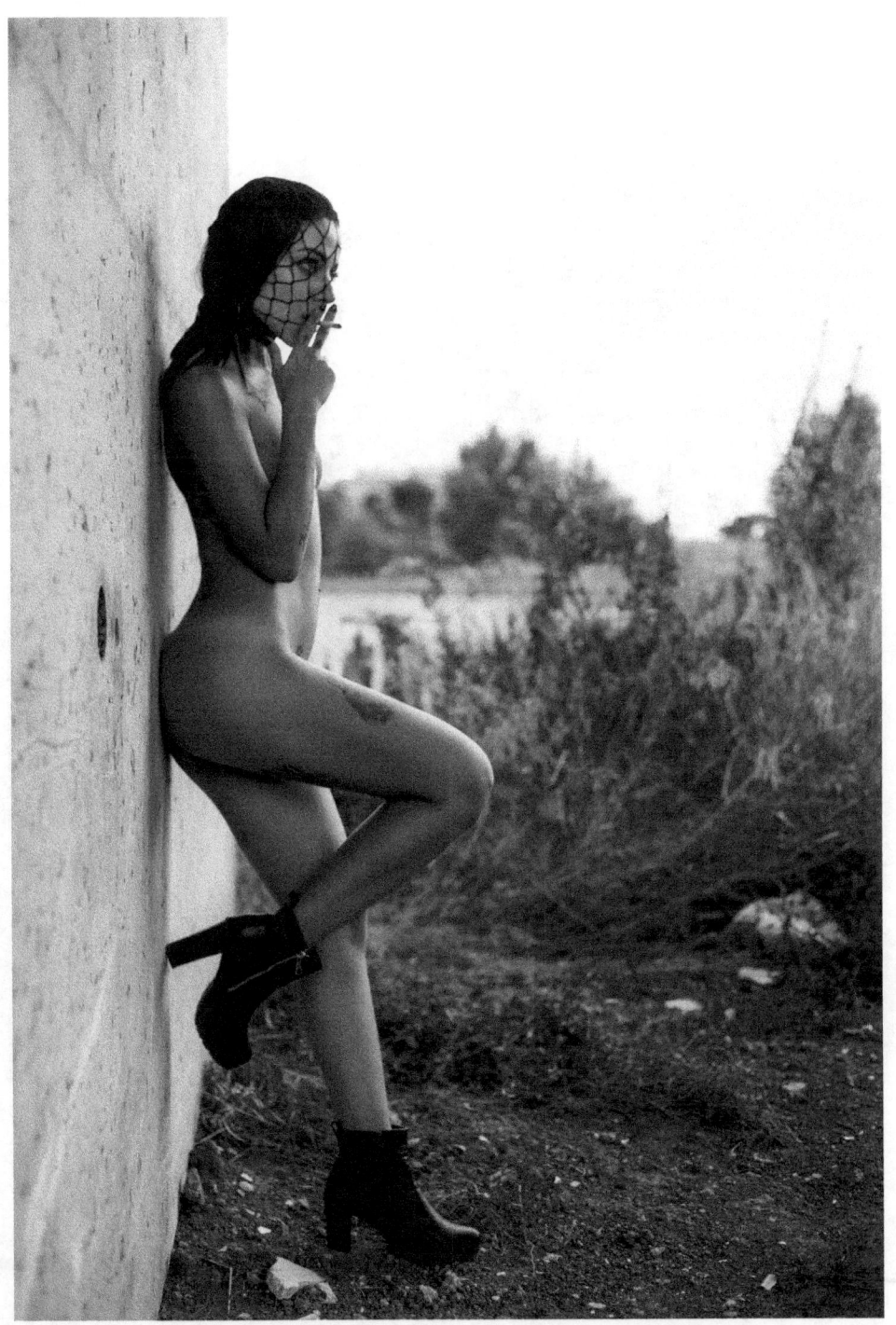

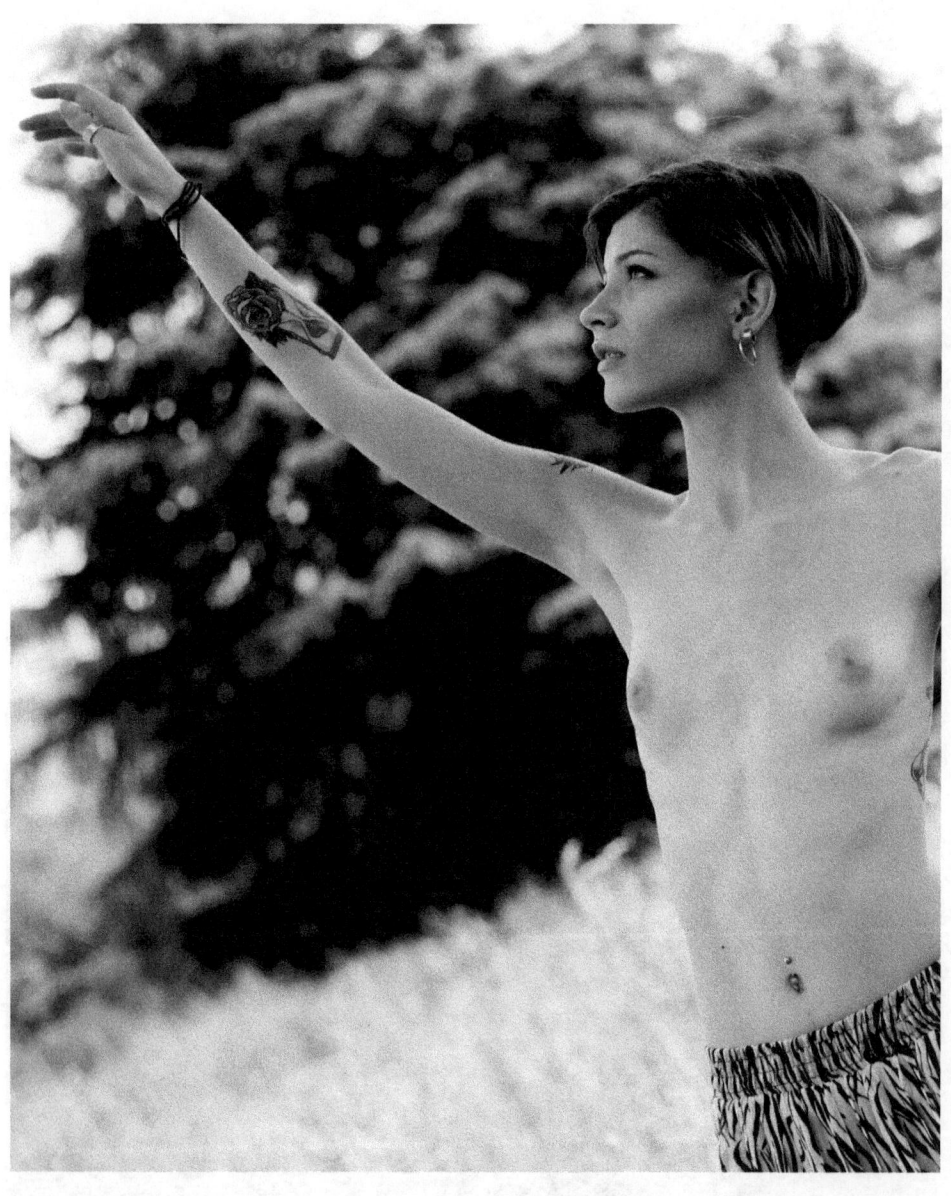

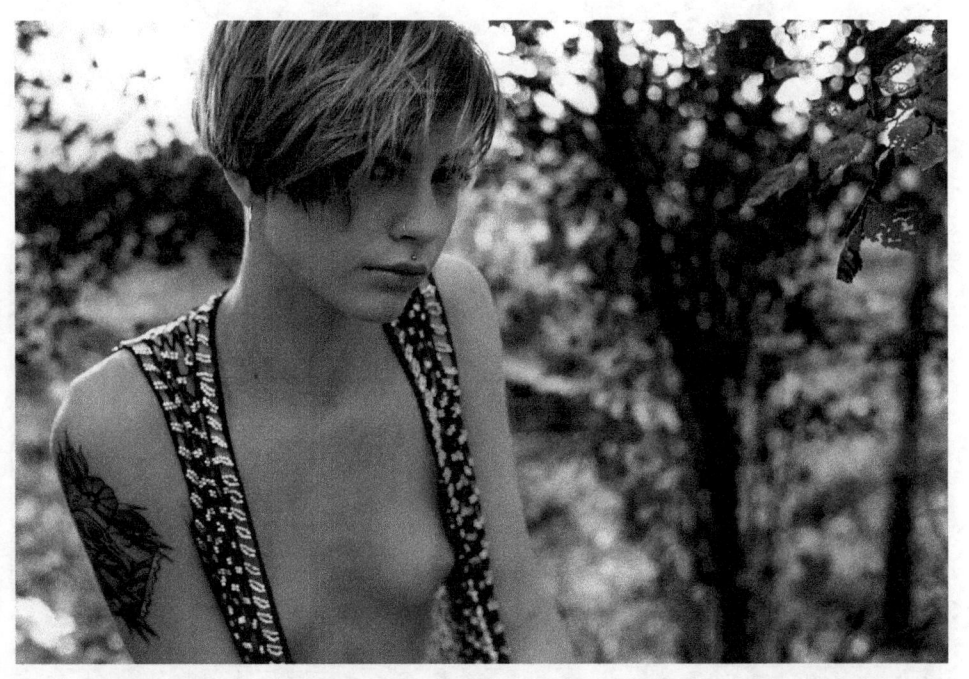

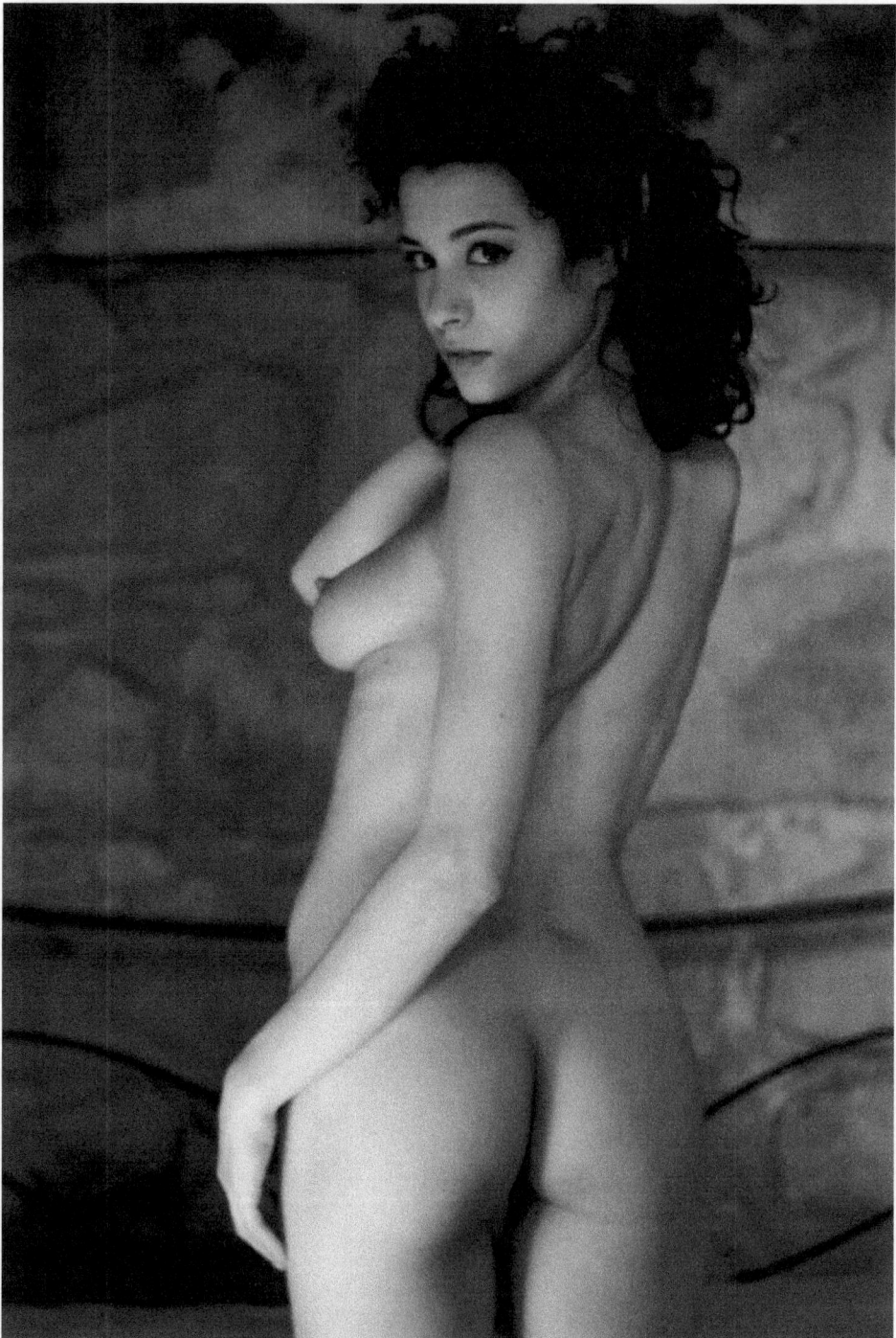

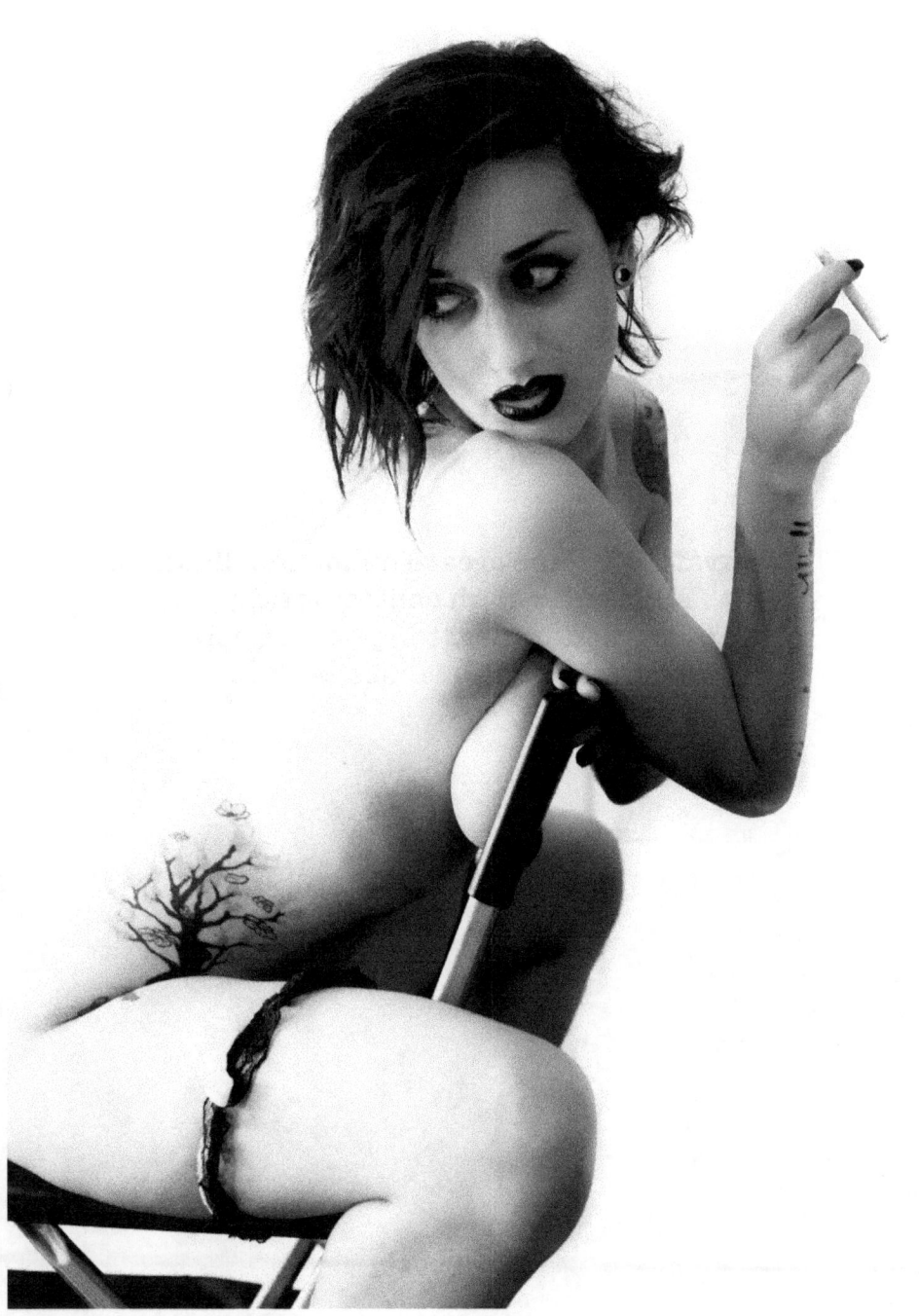

Fotografare è come creare un mondo illusorio,
all'interno di un contesto reale.
Tenedo conto che il tempo non esiste,
lo spazio varia e la luce esplode.

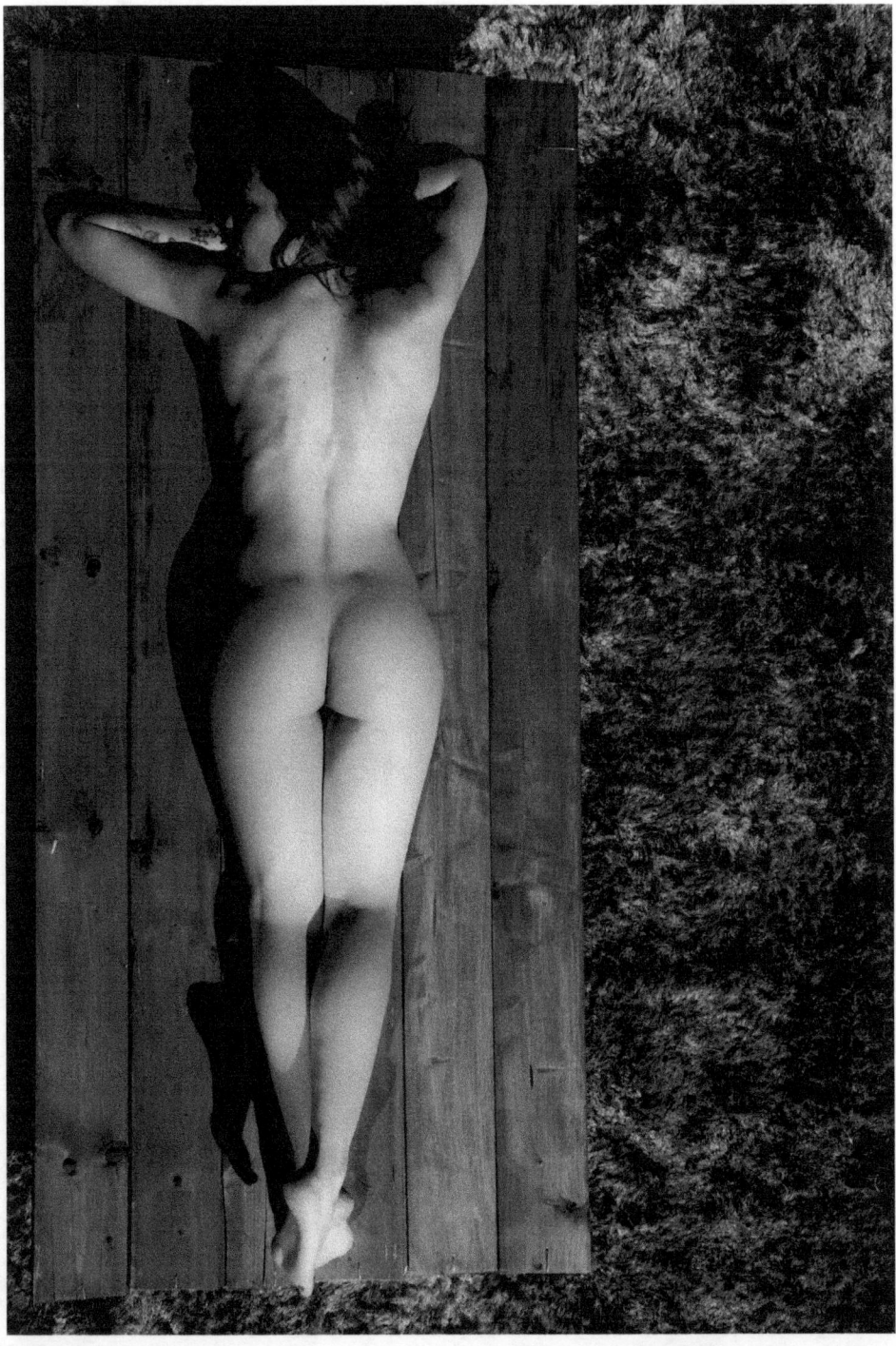

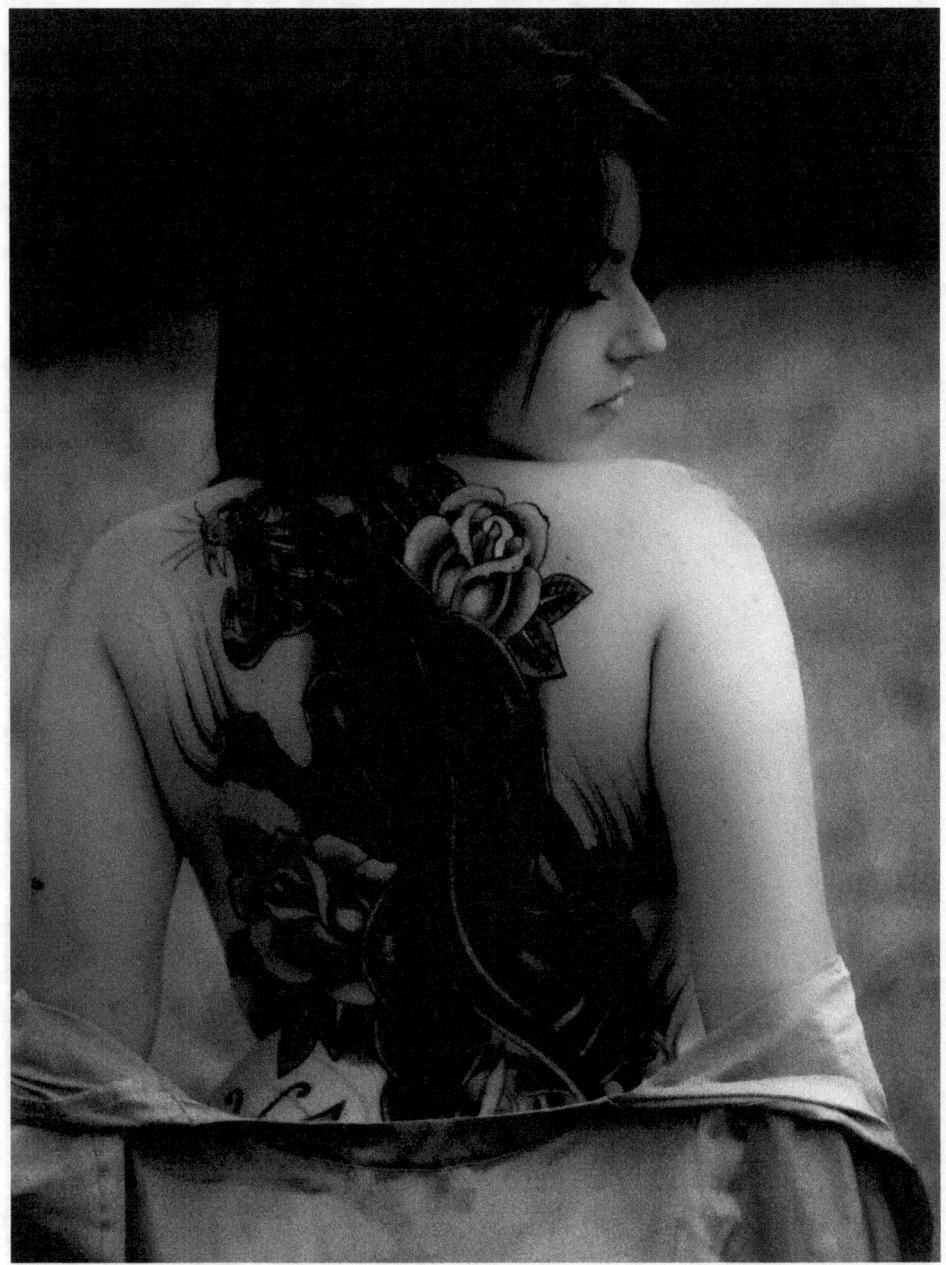

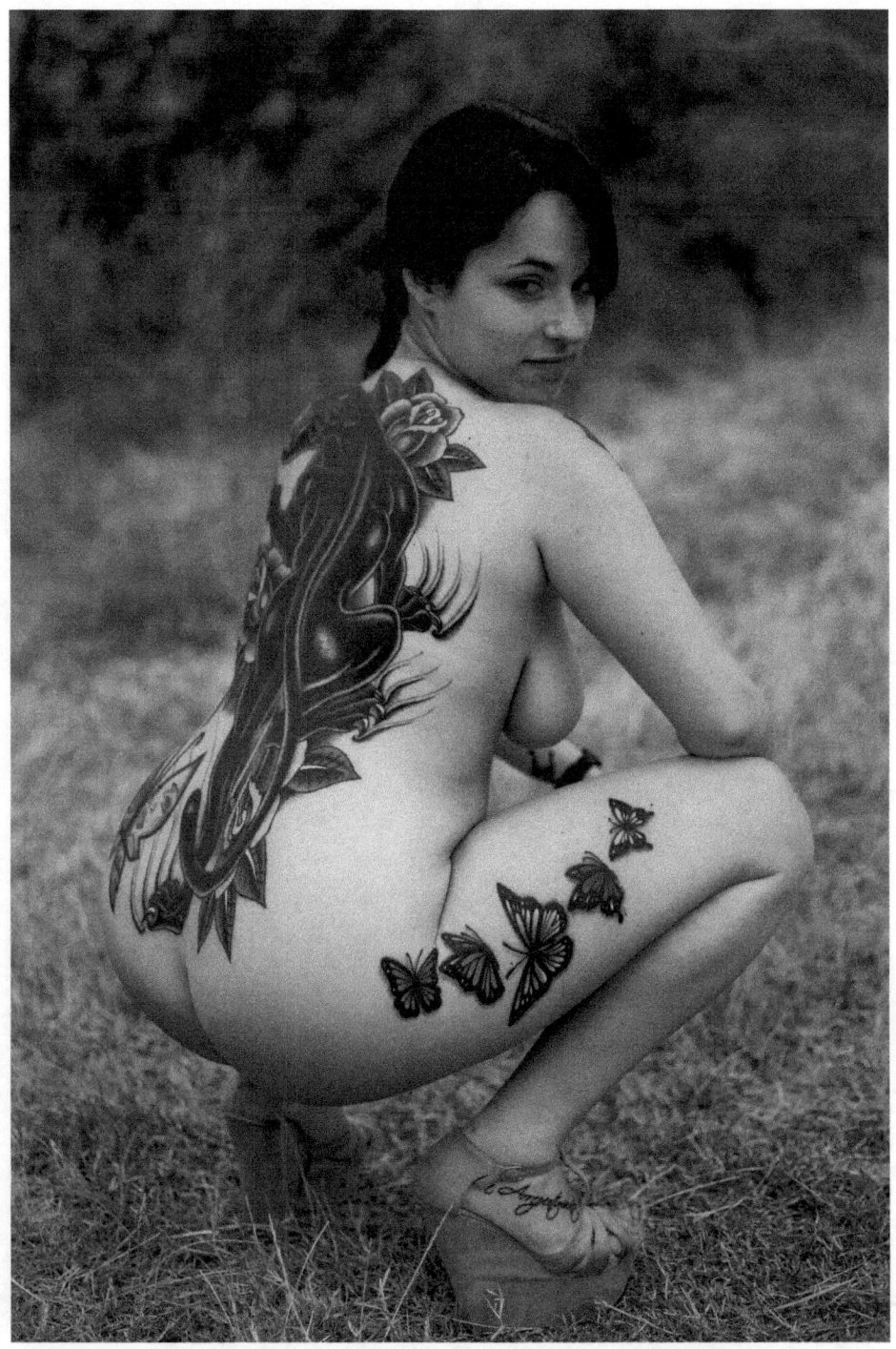

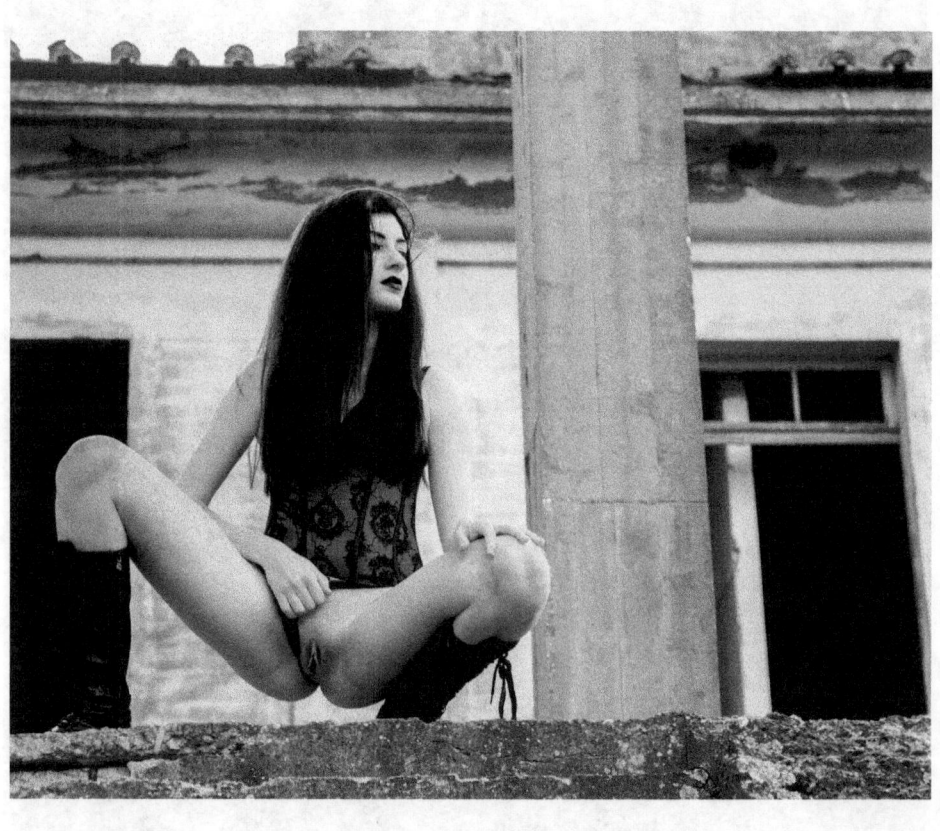

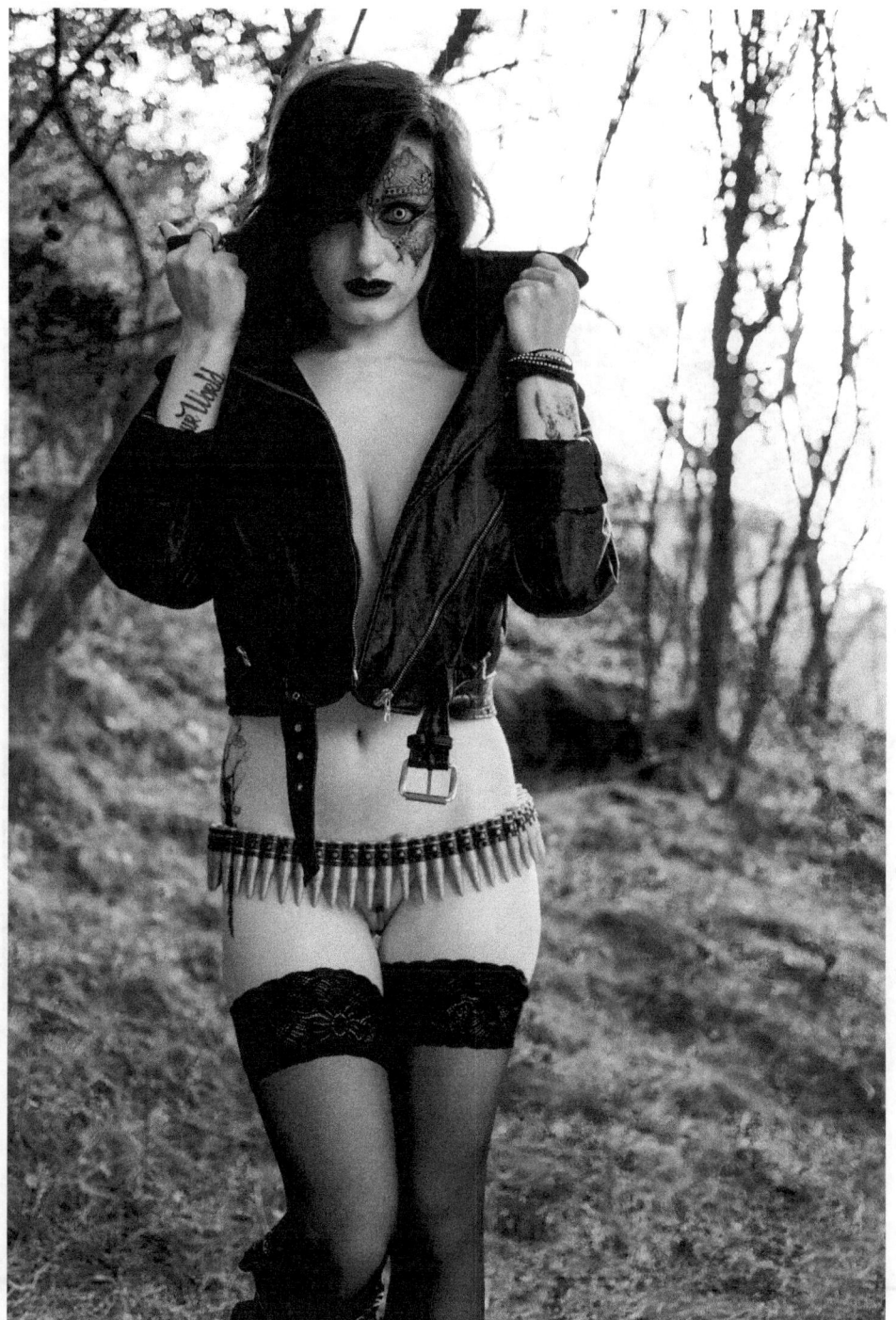

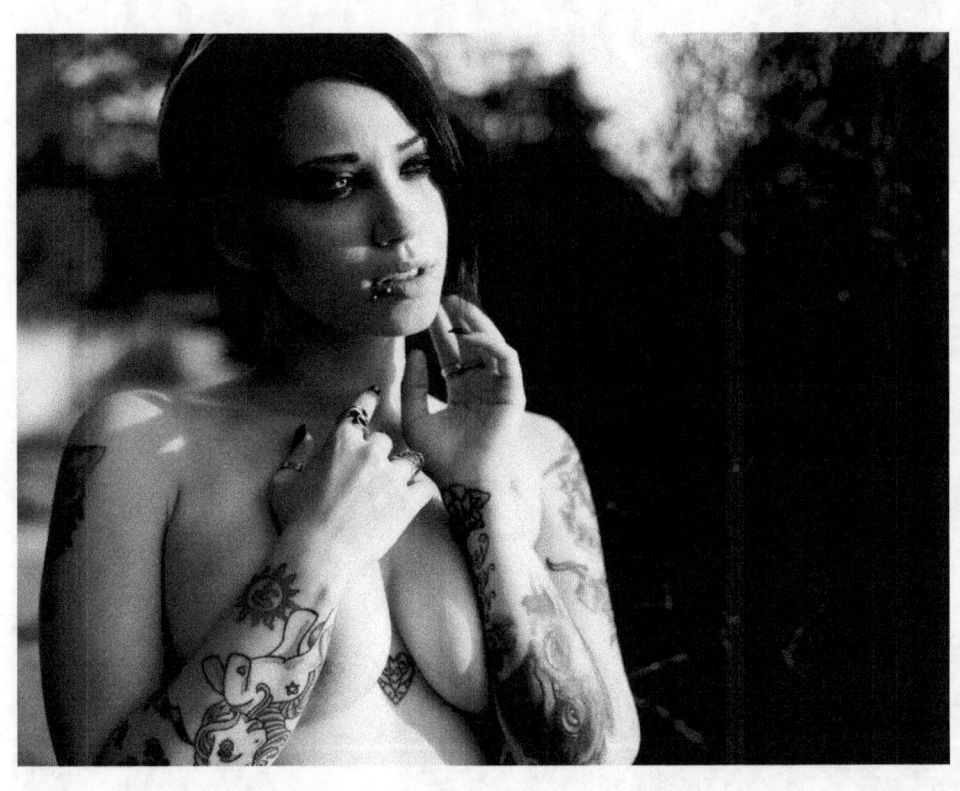

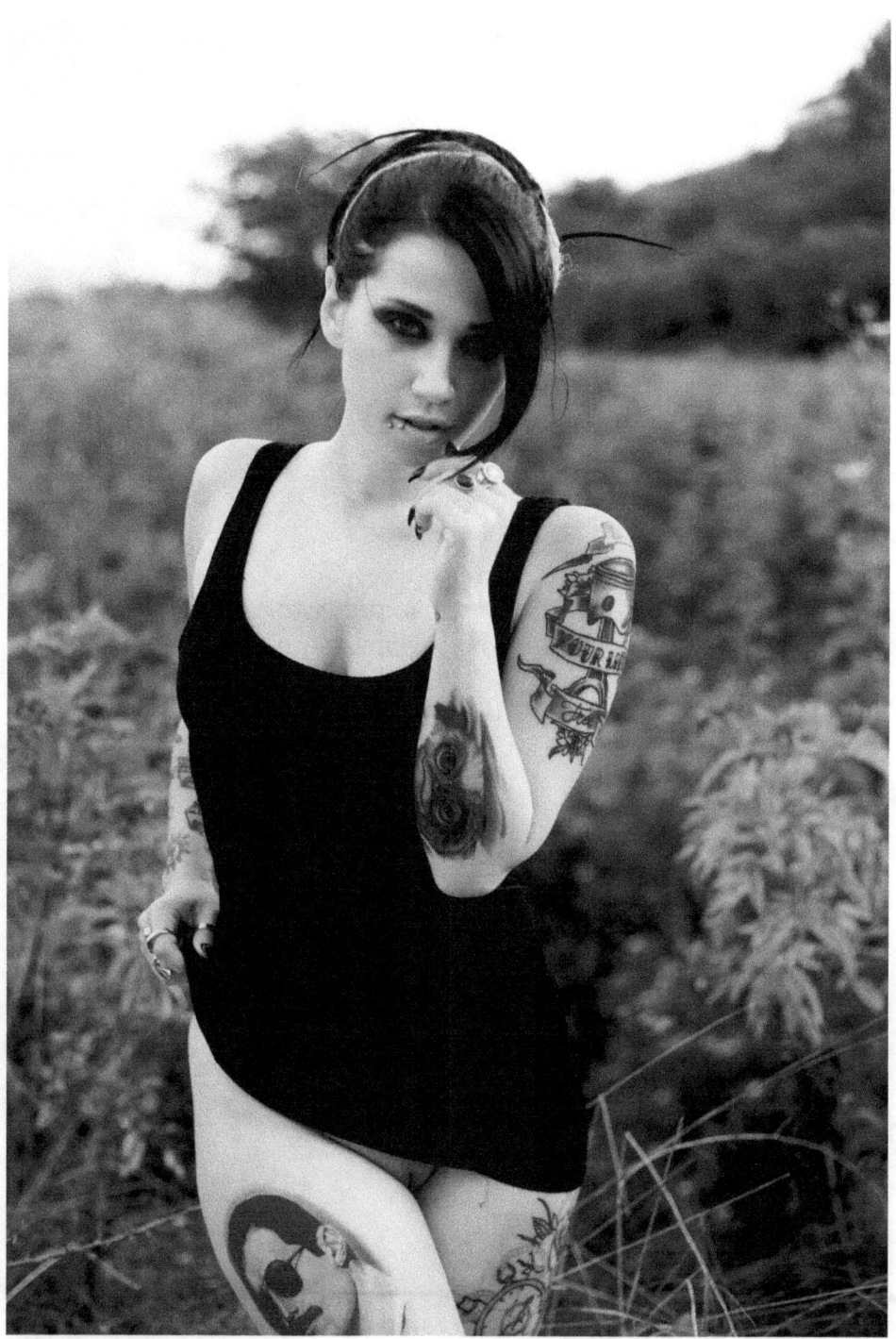

La cosa più importante per fotografare,
sarà sempre e comunque,
ricordarsi di portare una
macchina fotografica.

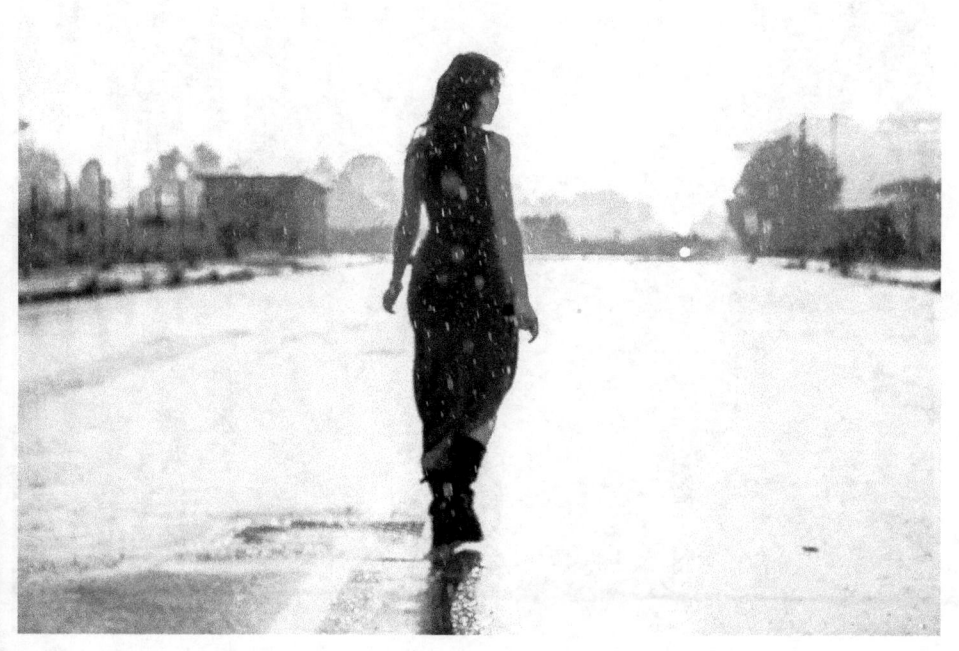

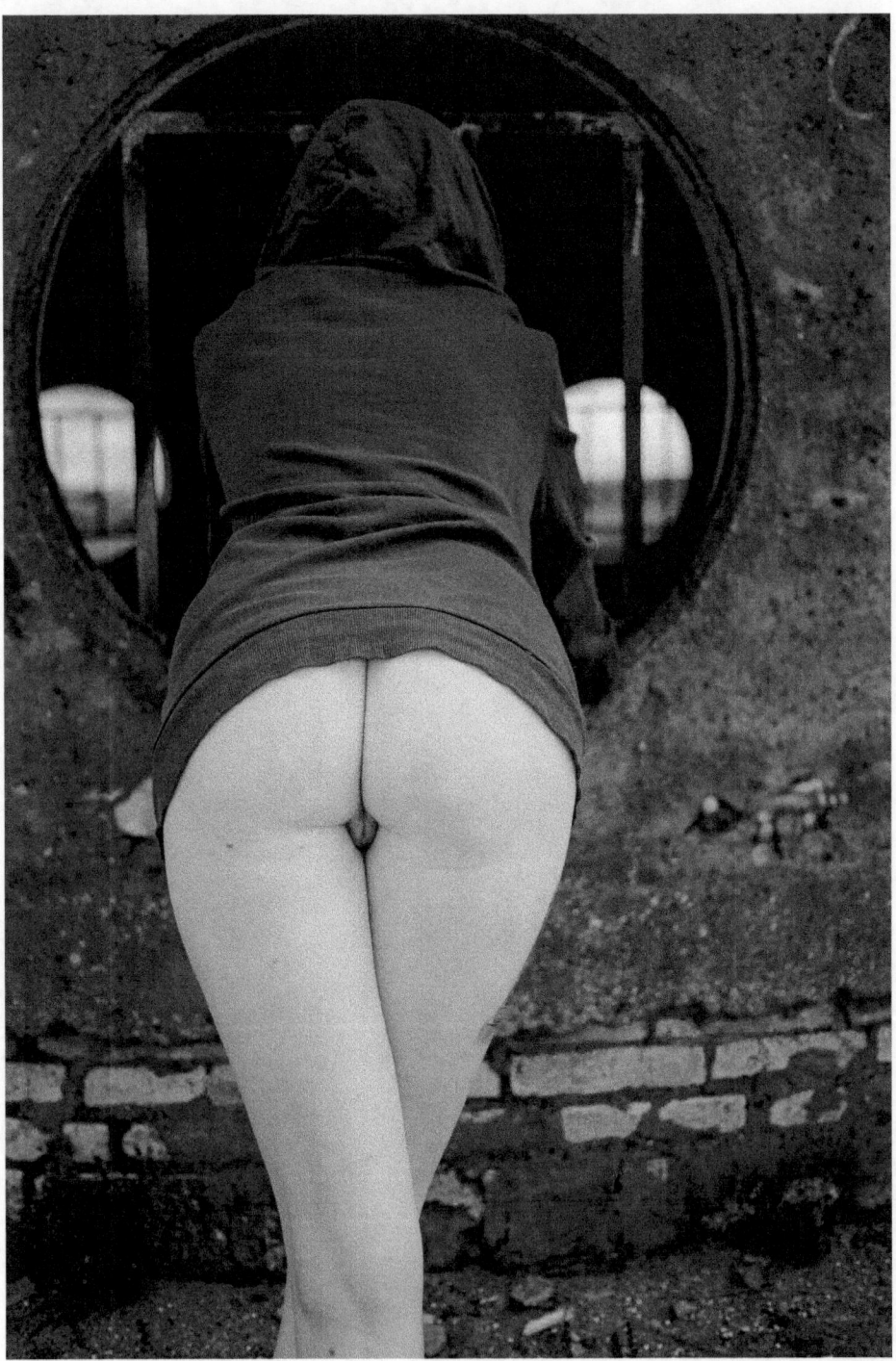

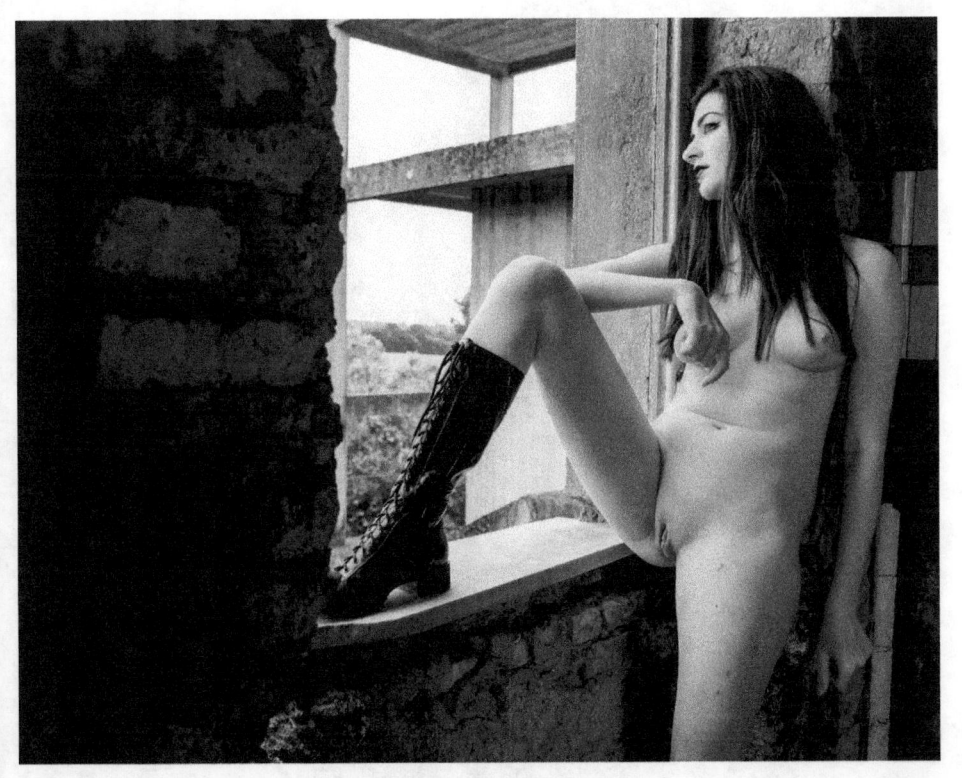

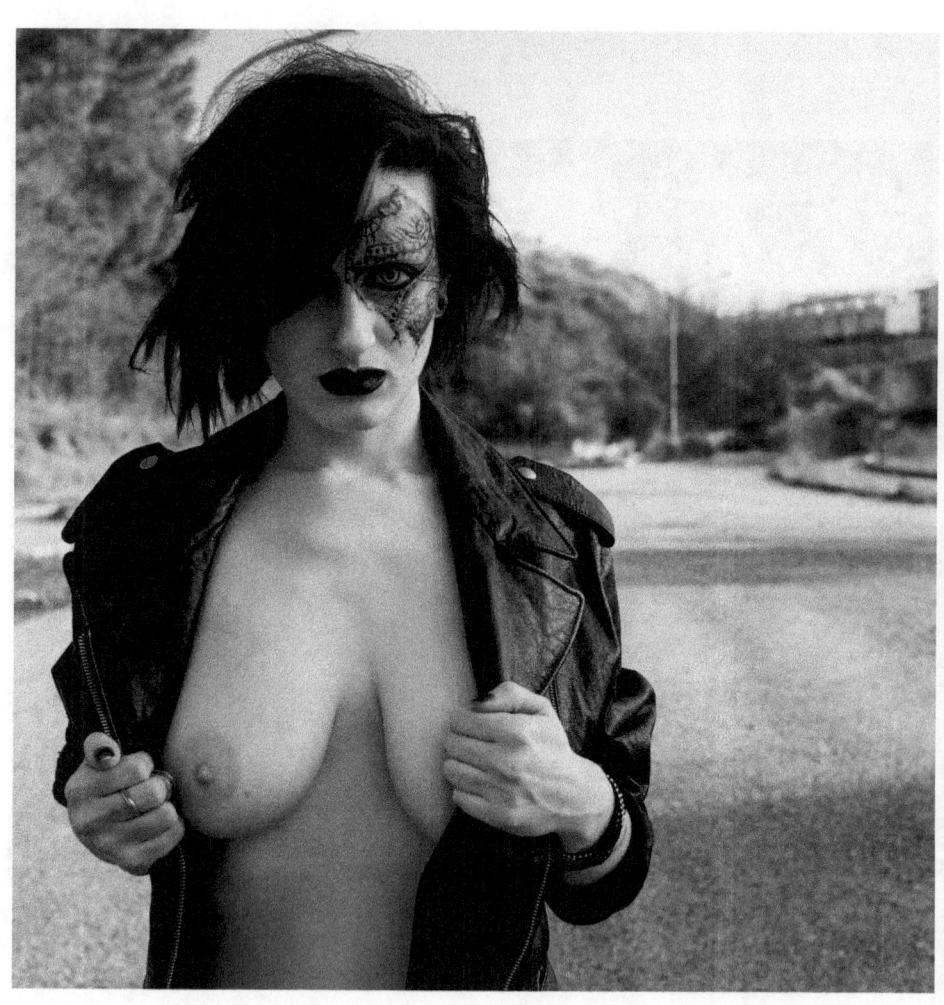

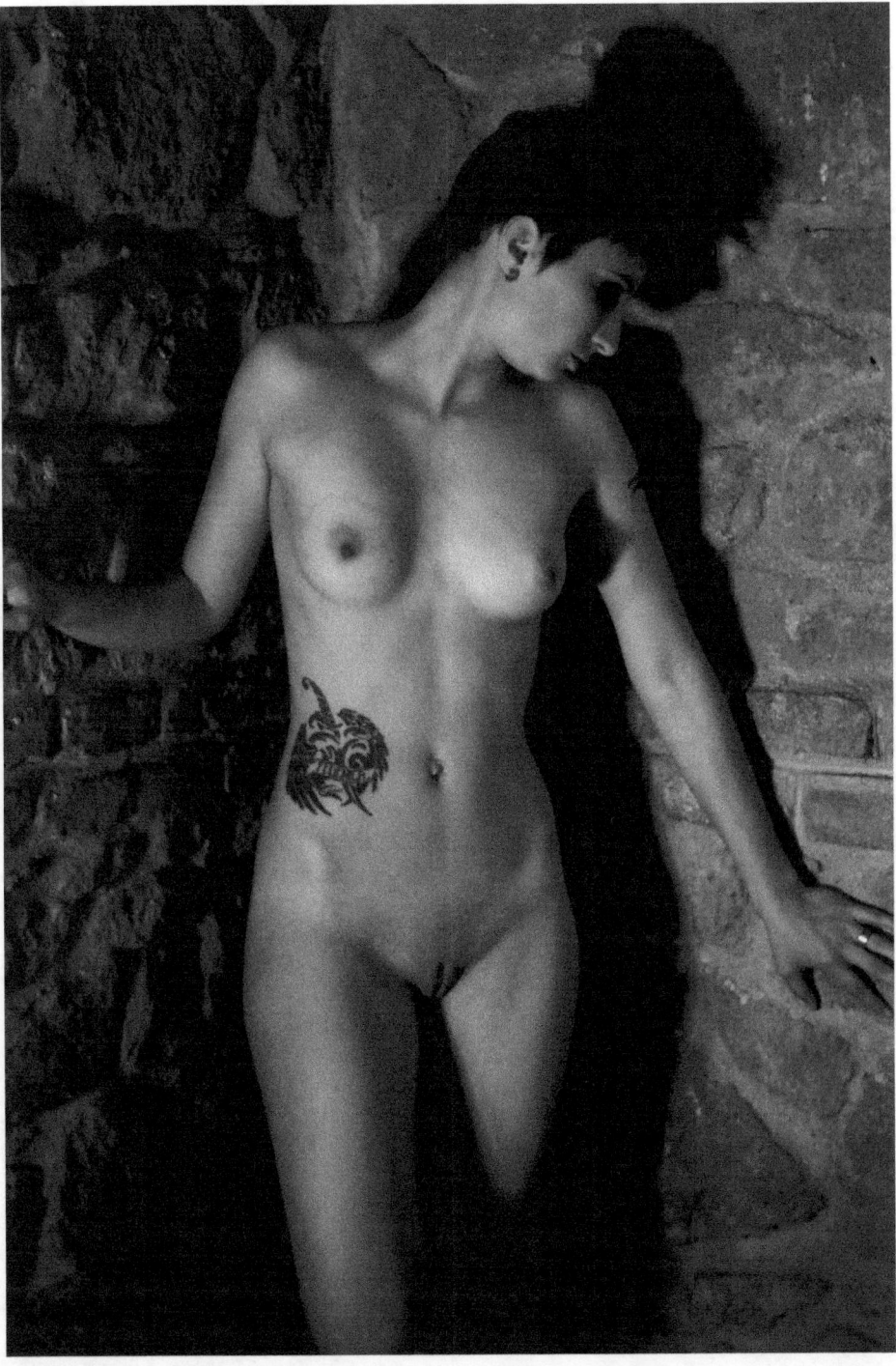

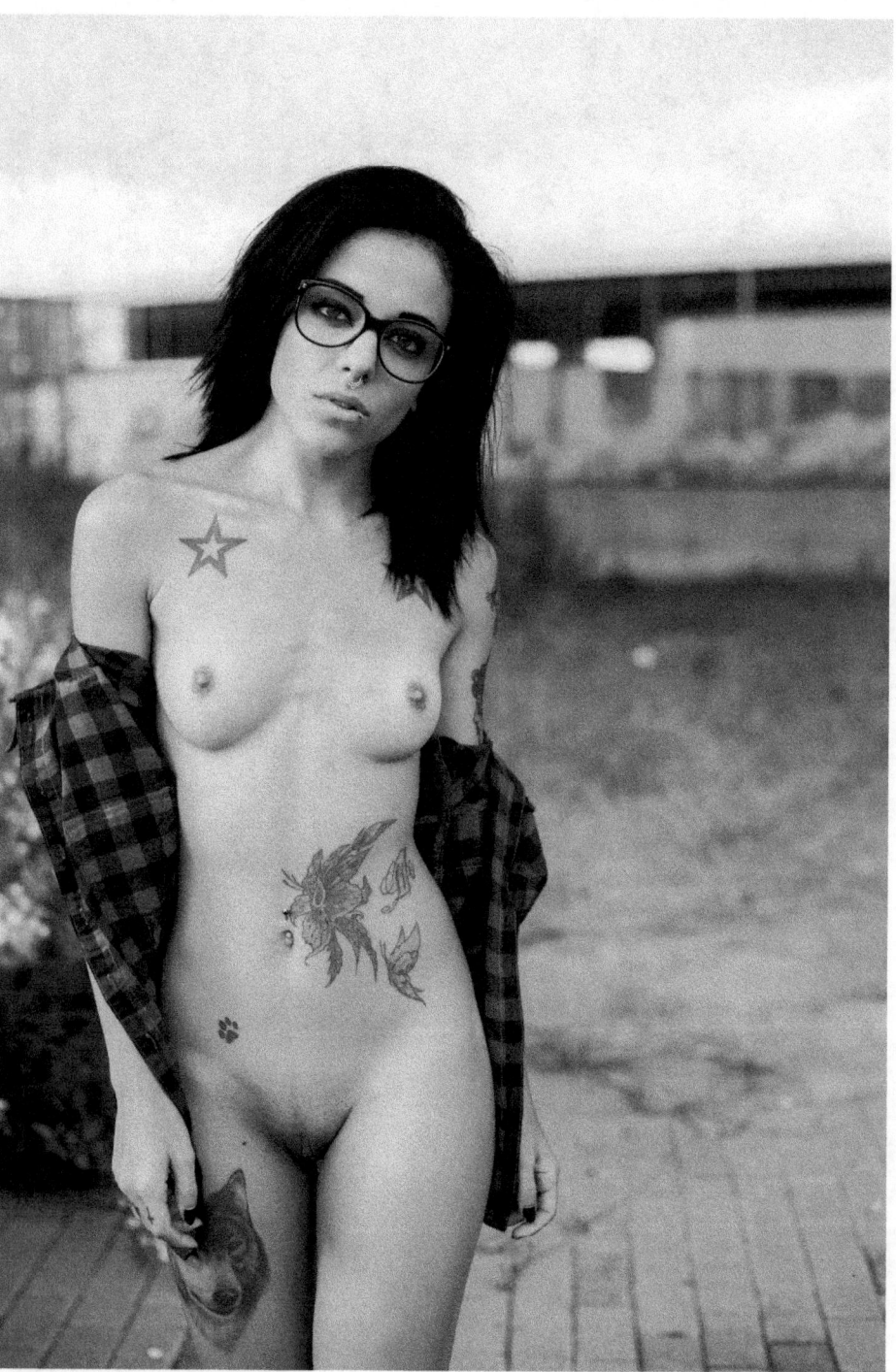

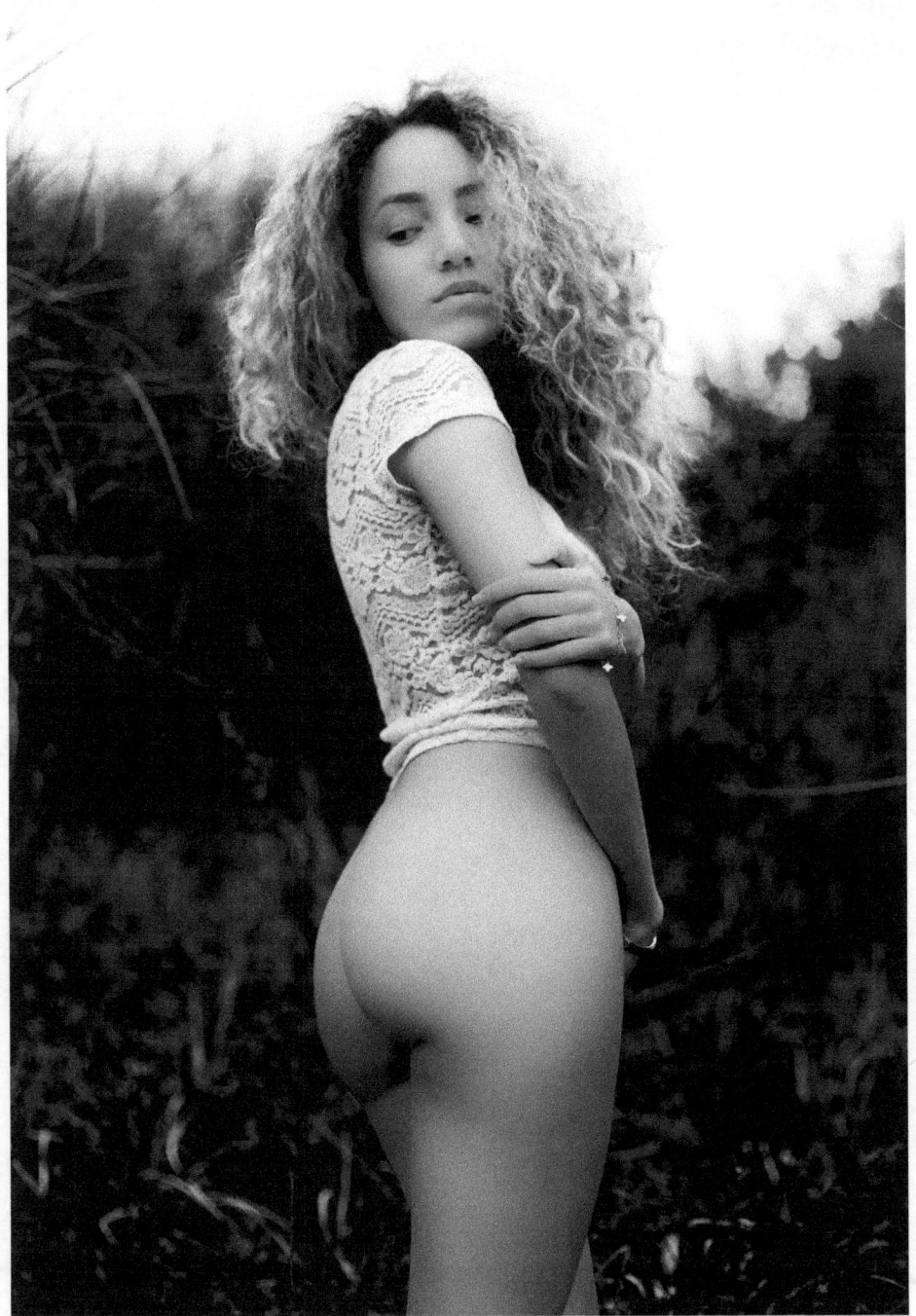

La trasgressione non è una cosa che si può imparare. Trasgressivi si nasce e basta, non lo si diventa.

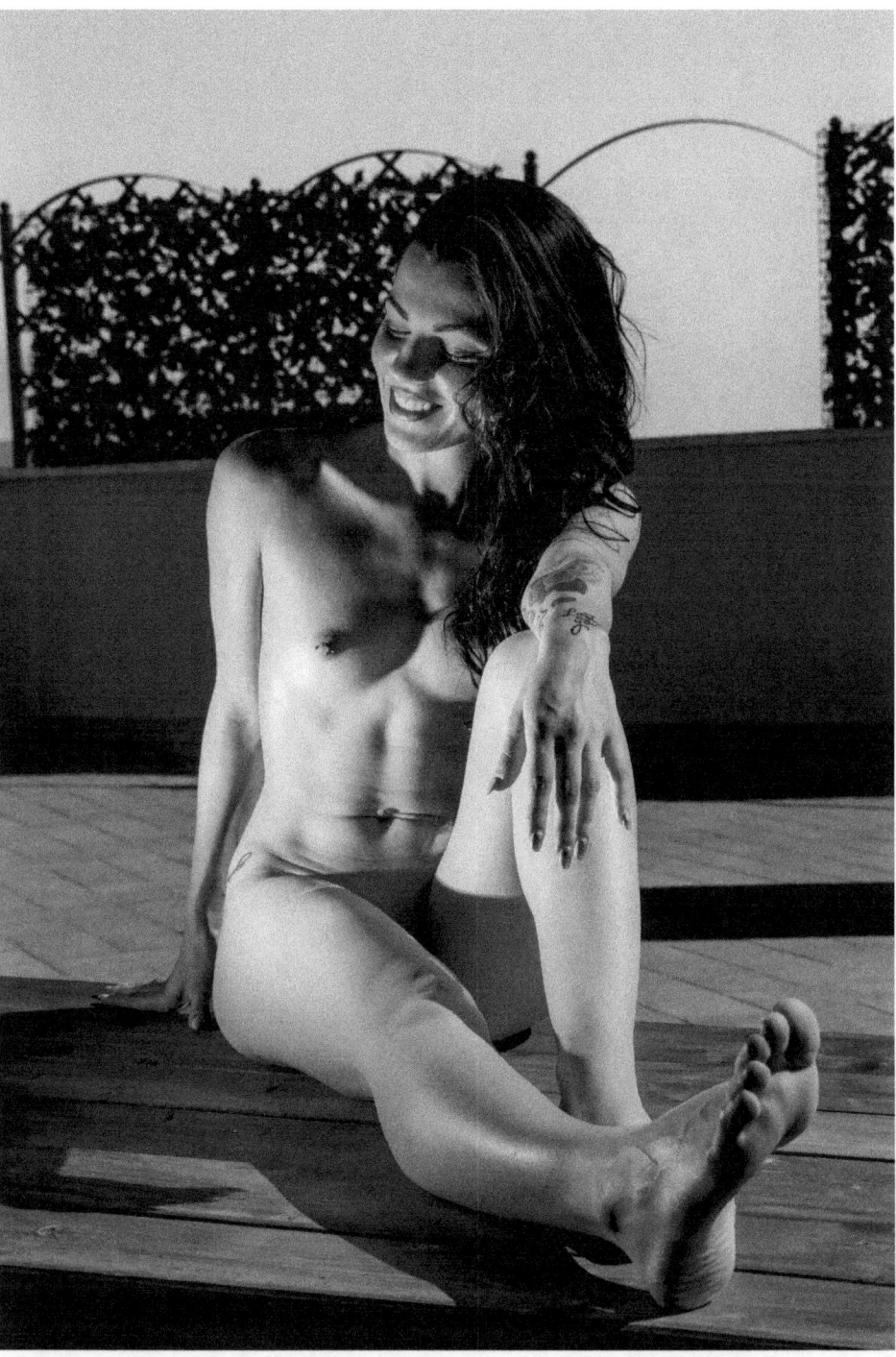

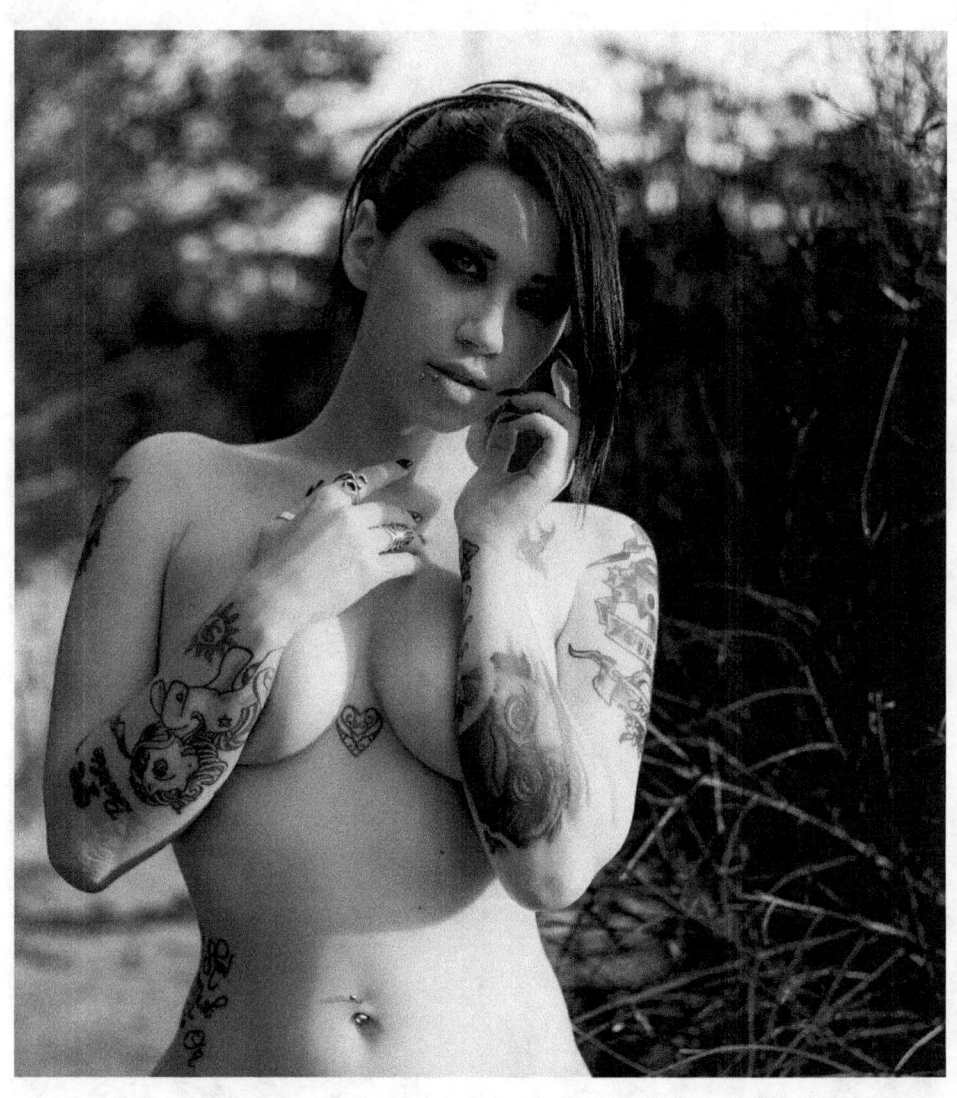

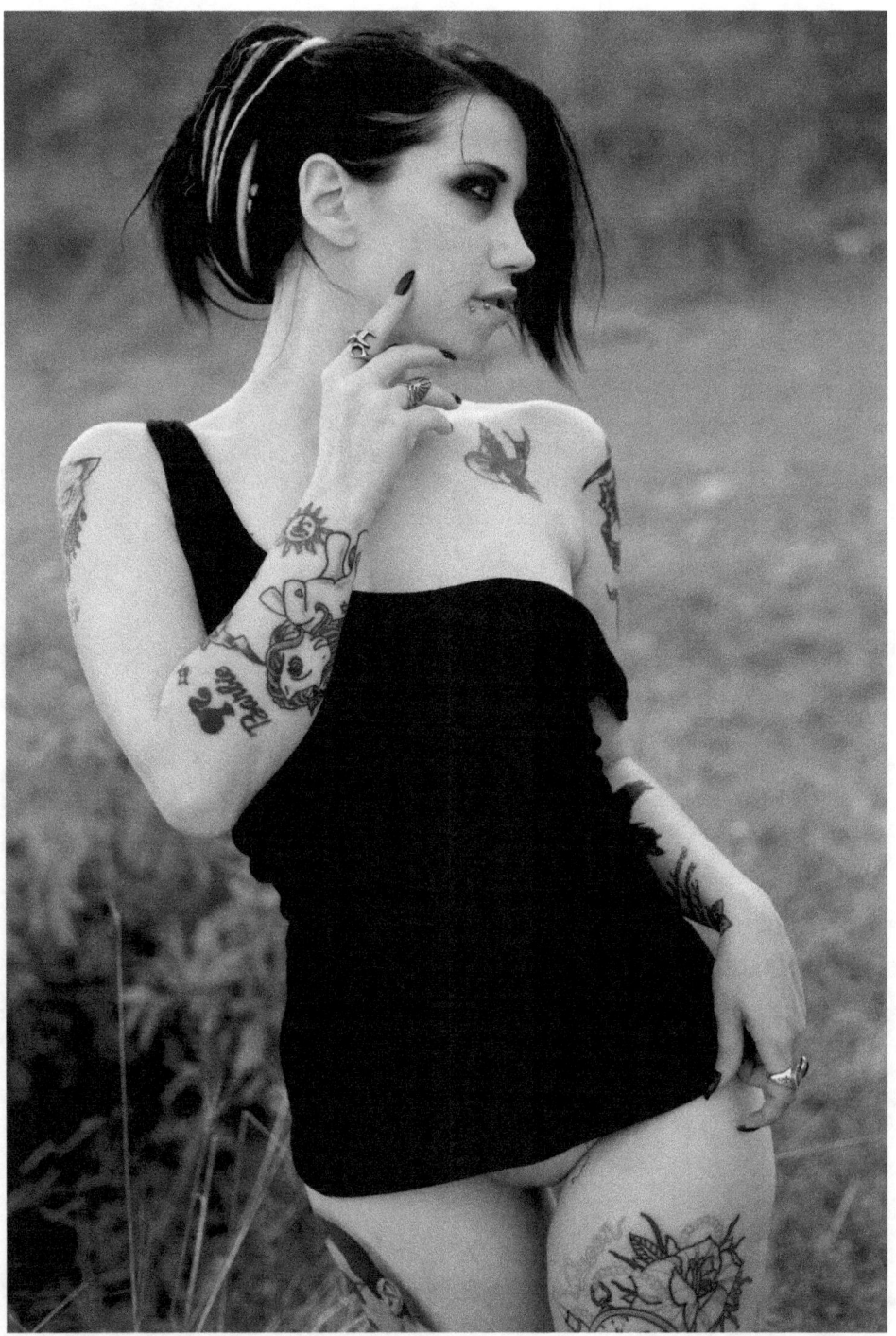

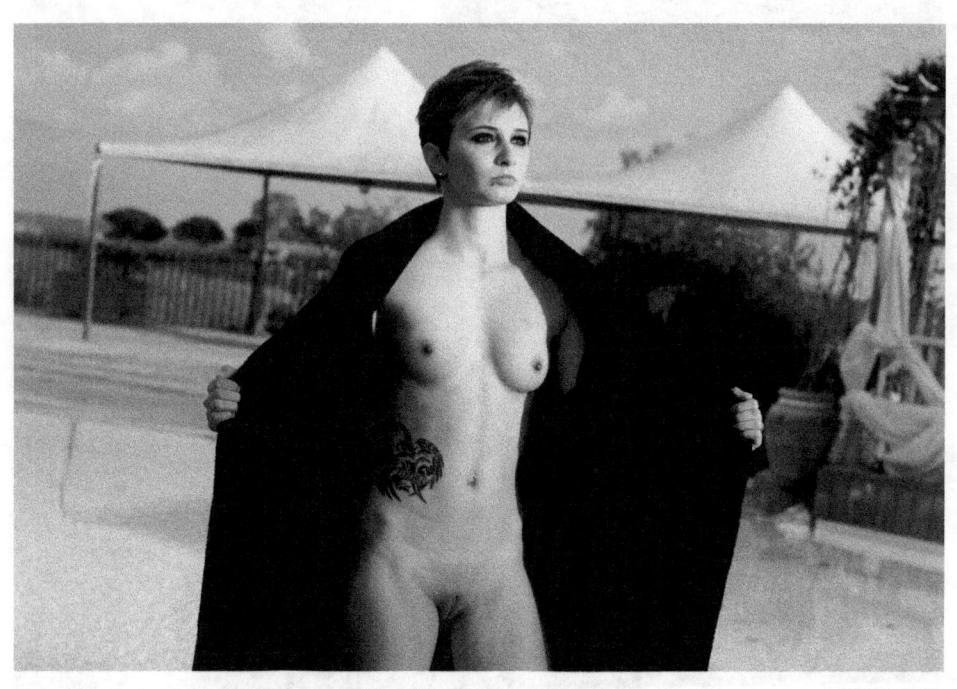

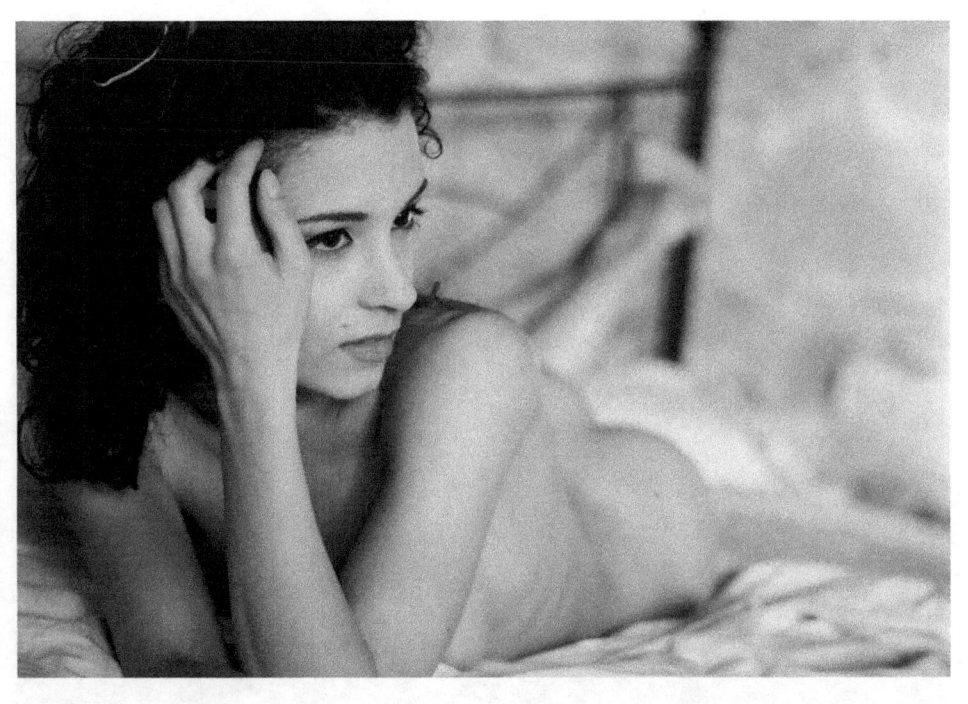

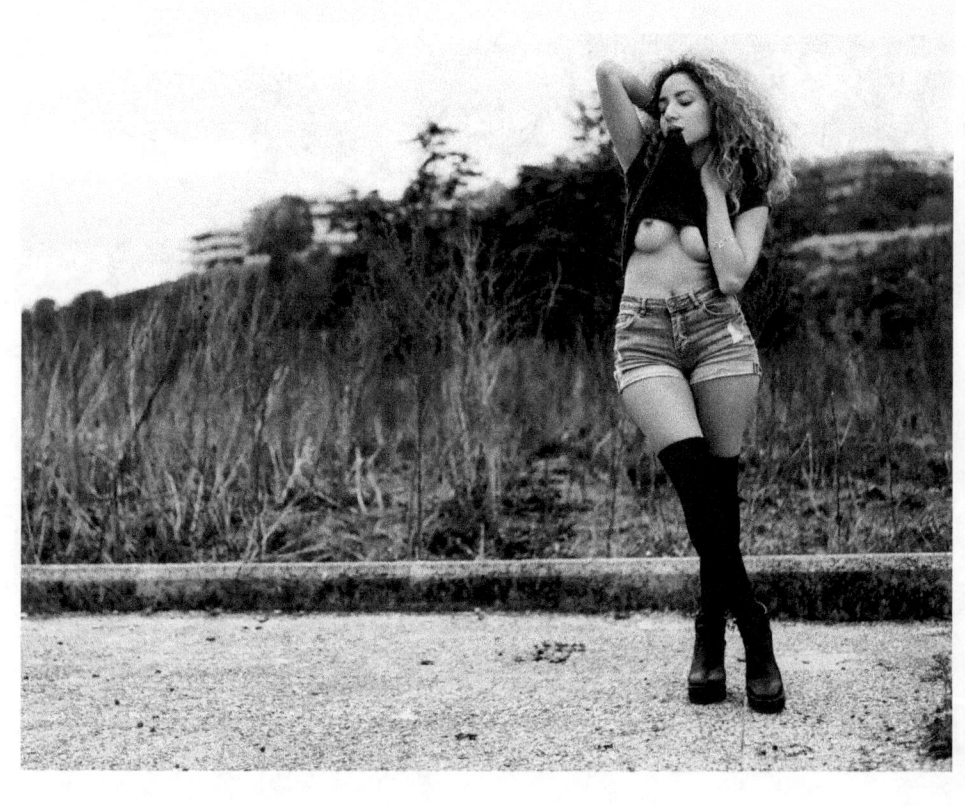

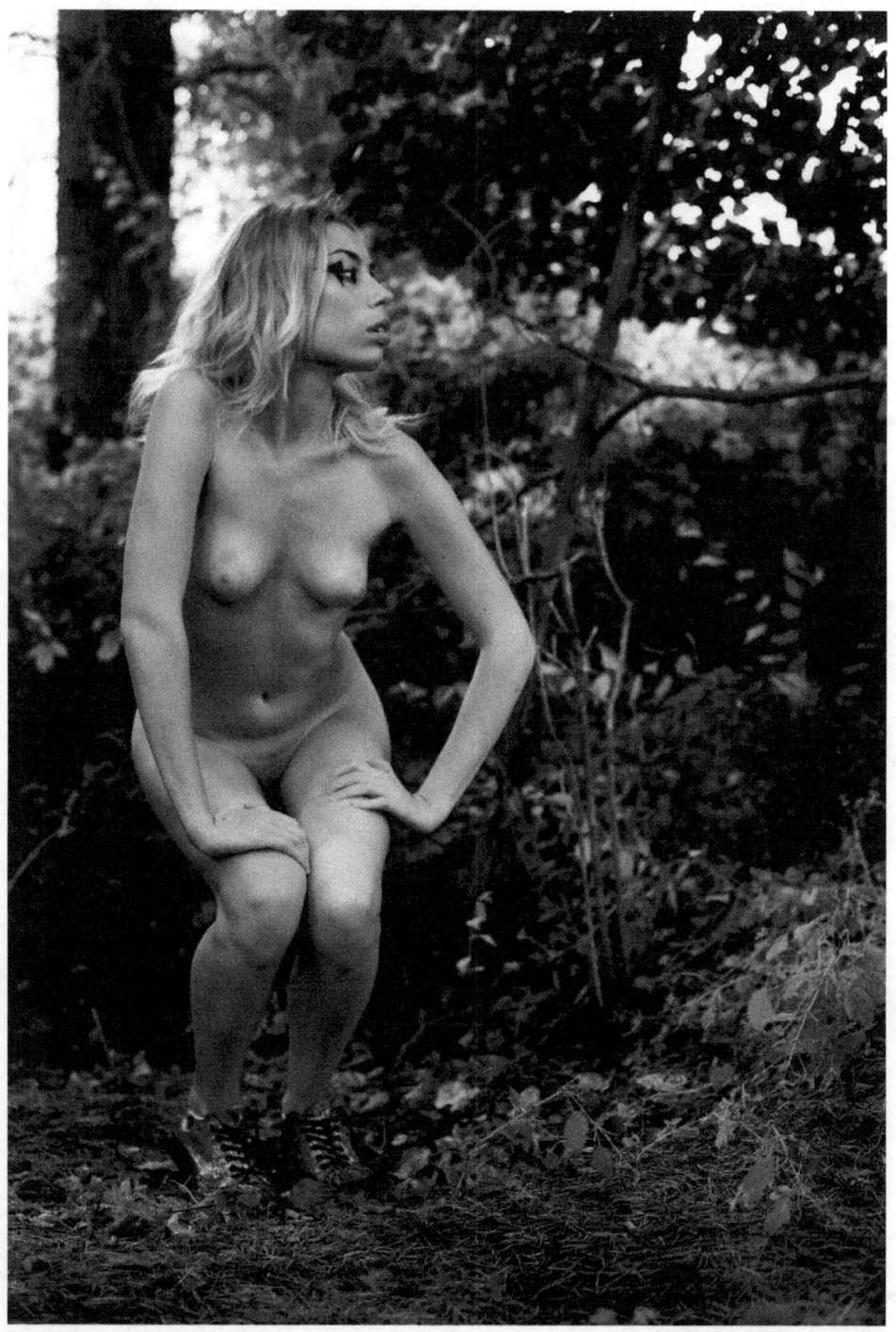

Il bianco e nero sarà sempre
l'unica vera forma di fotografia.
C'è già il mondo a colori,
chi ha bisogno di un'imitazione piatta
di una cosa già vista?

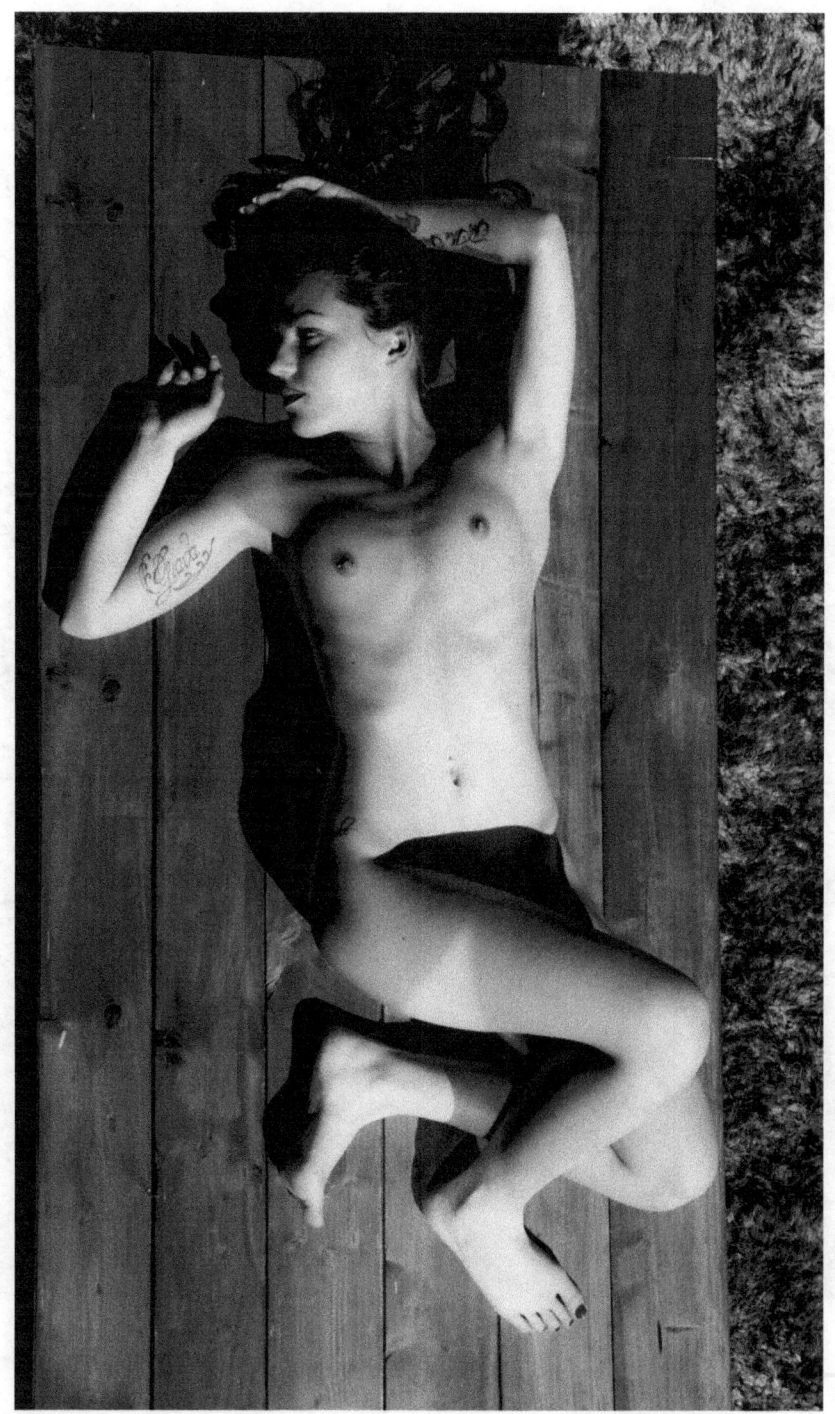

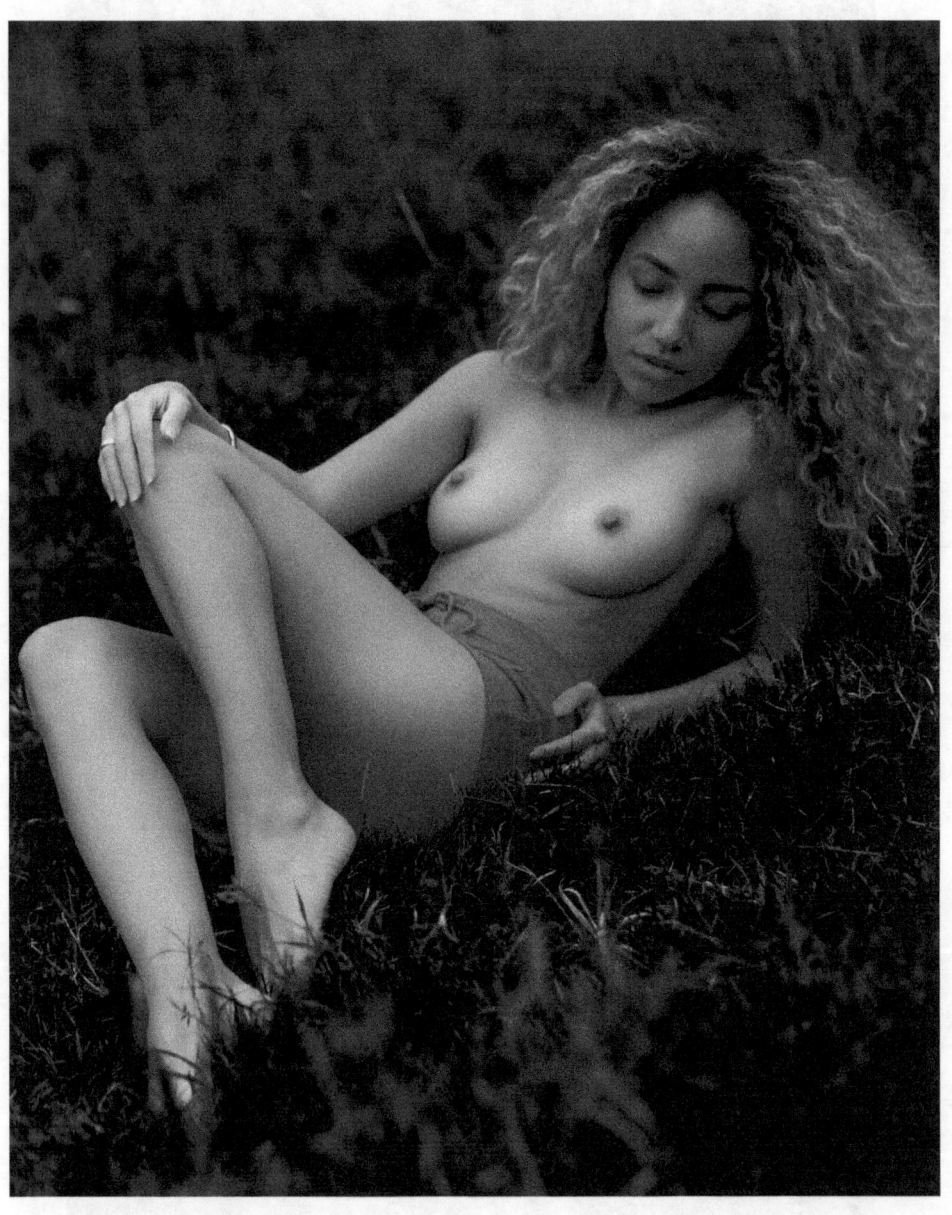

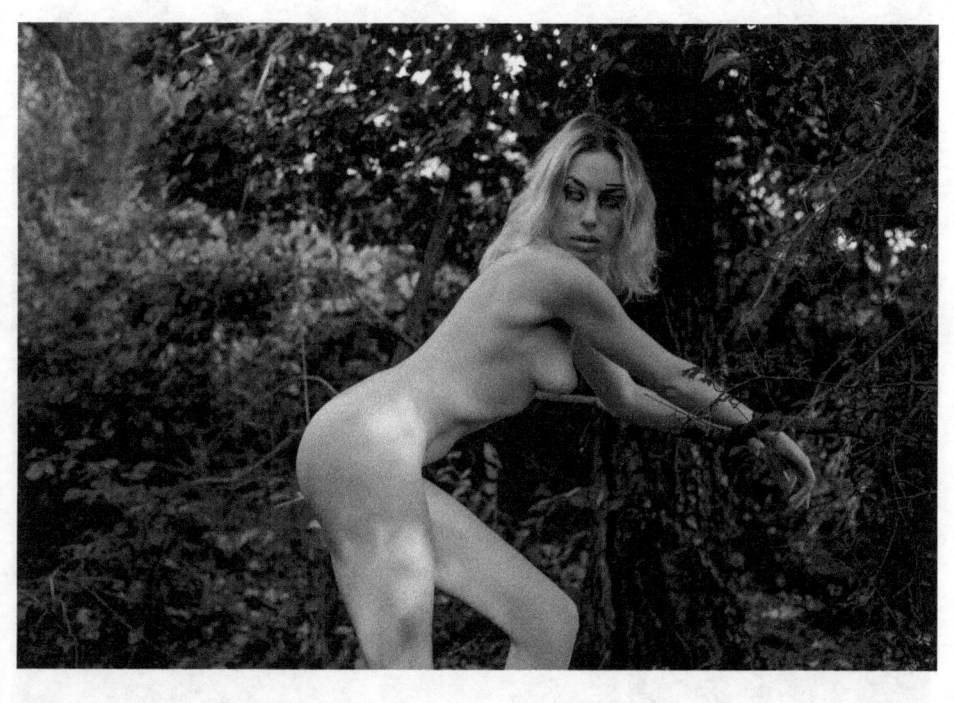

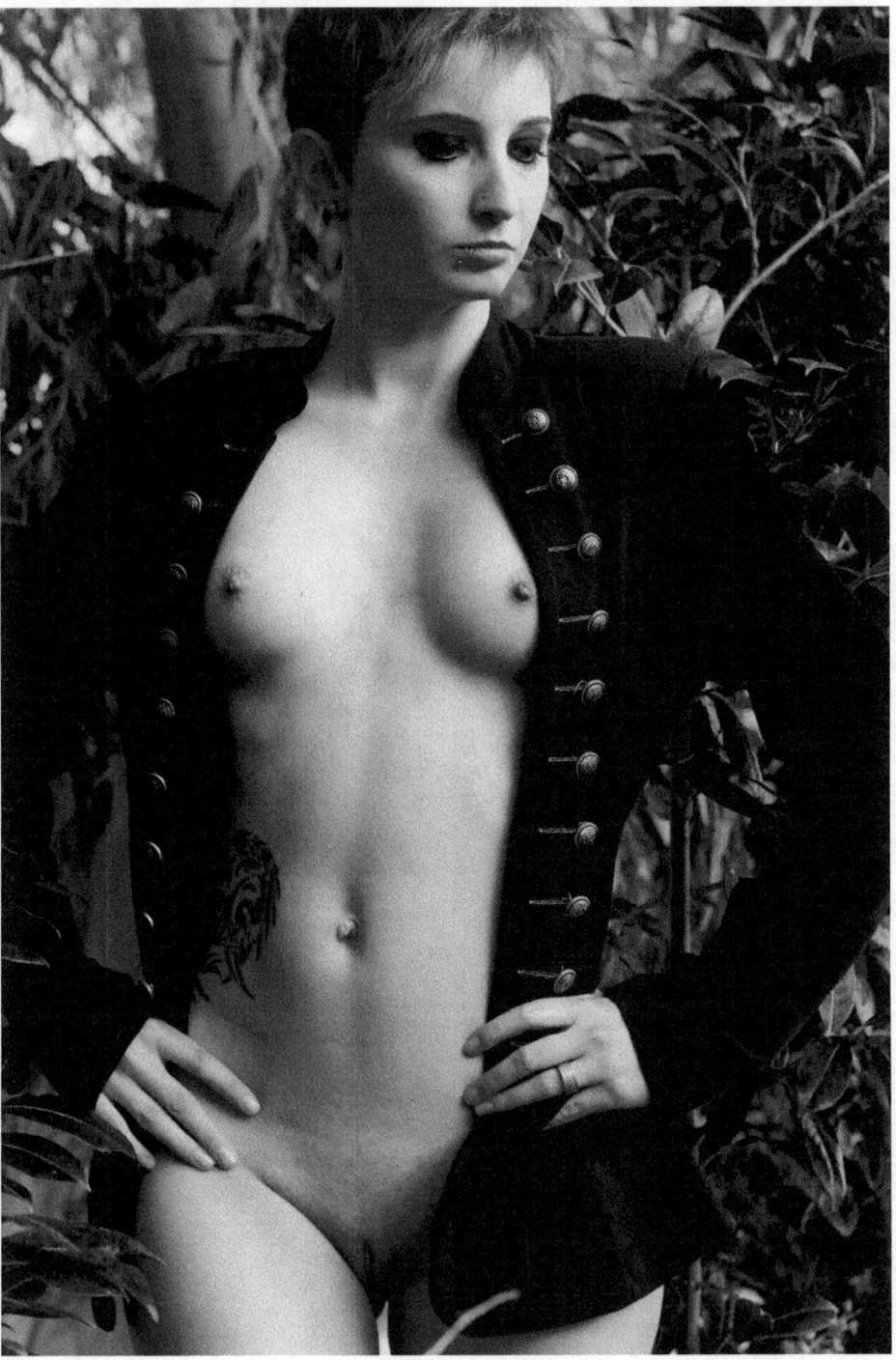

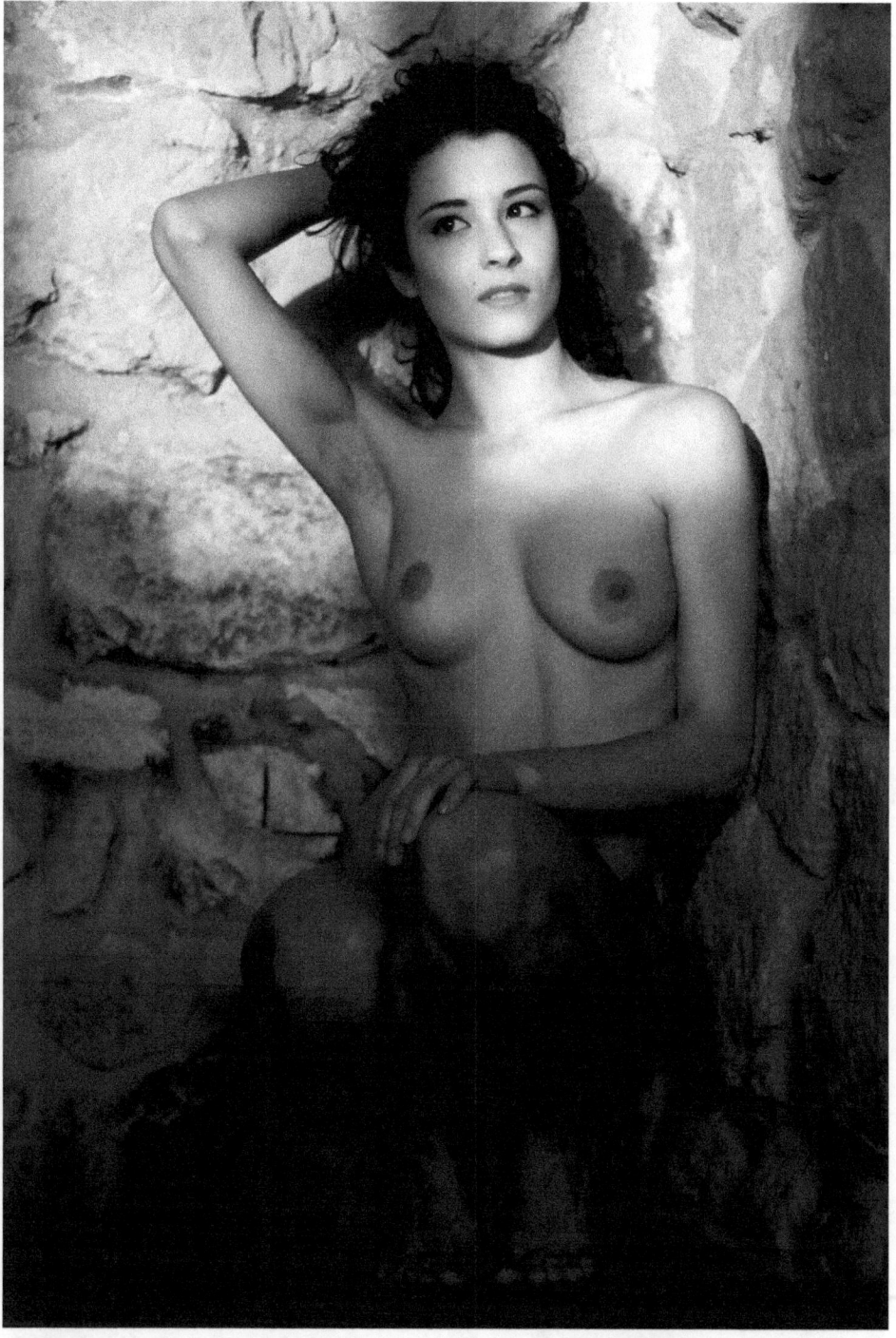

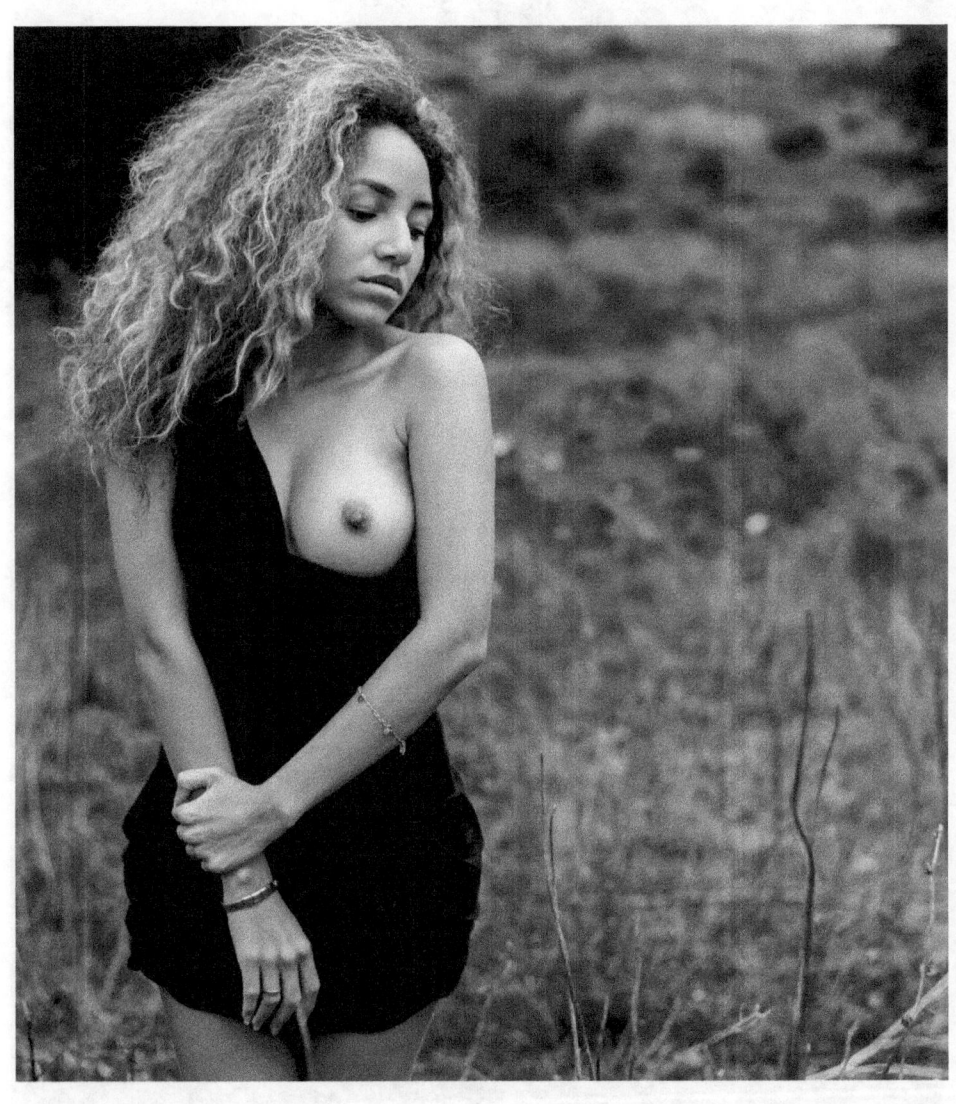

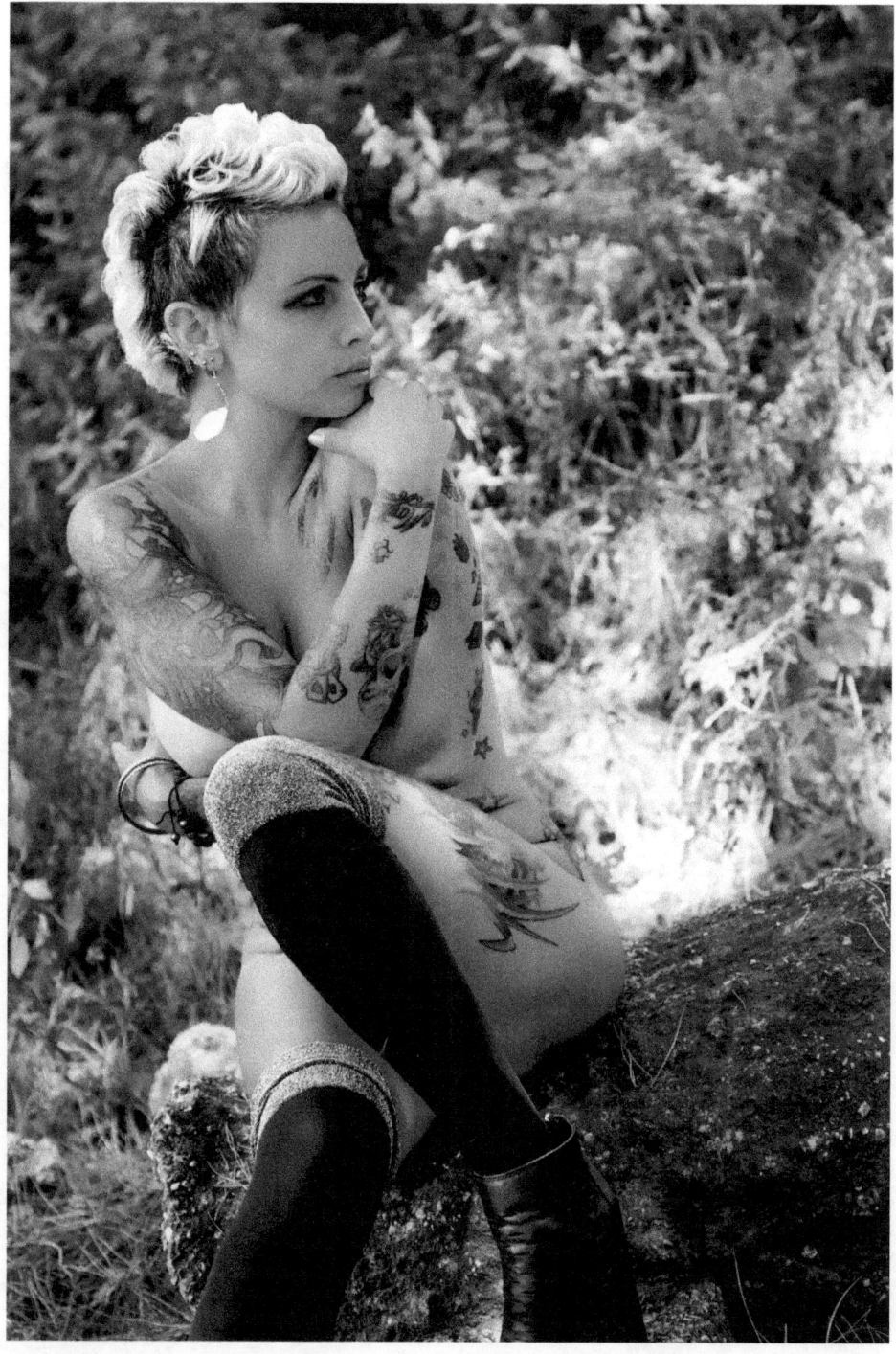

La sequenza narrativa di un immagine,
di sicuro non ha inizio,
ma ancor più sicuro non ha fine.

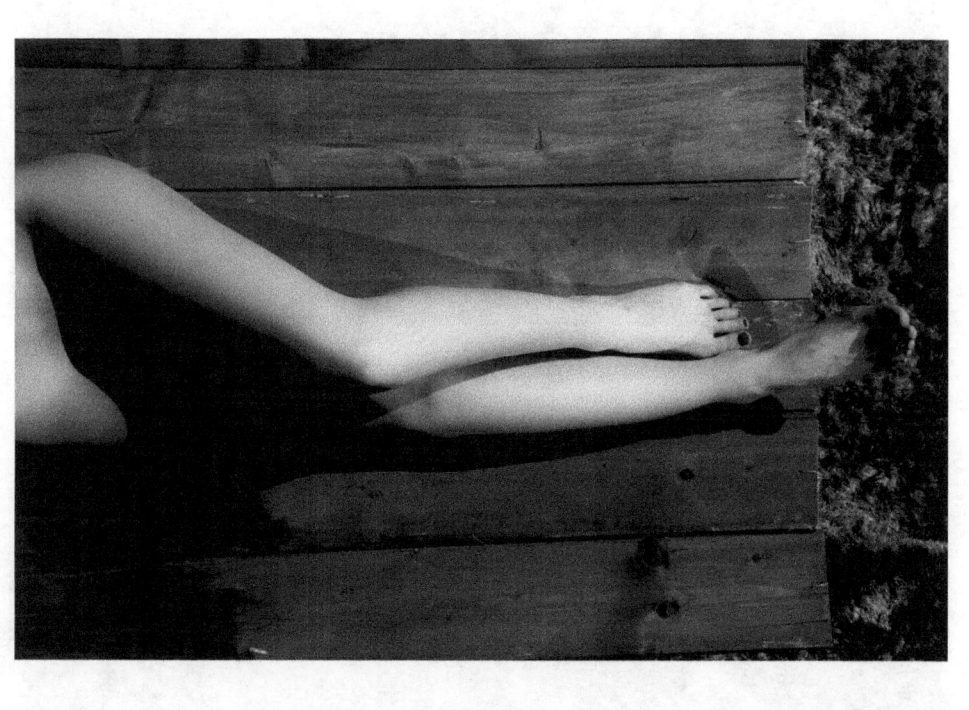

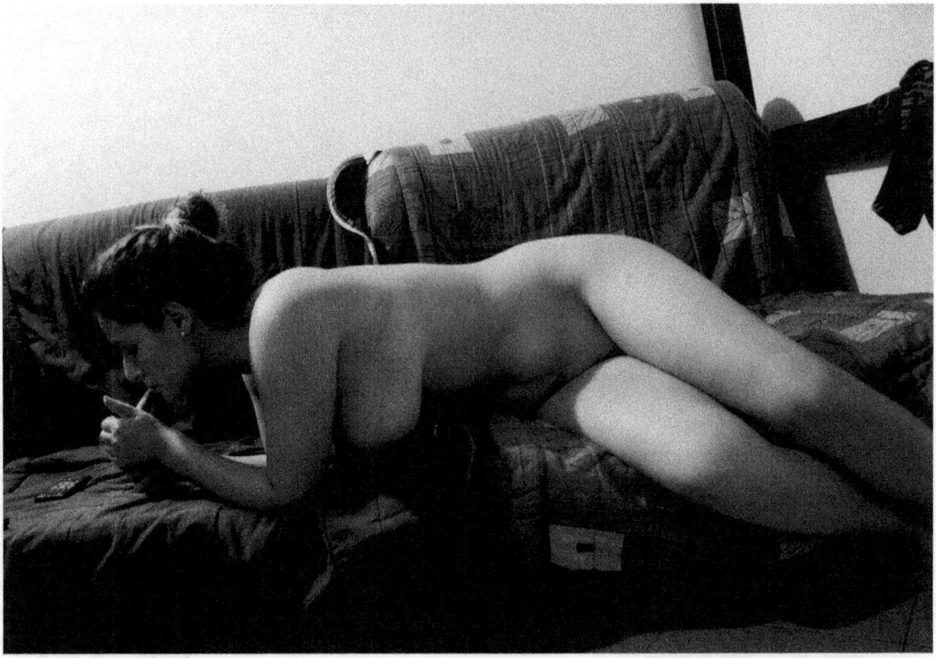

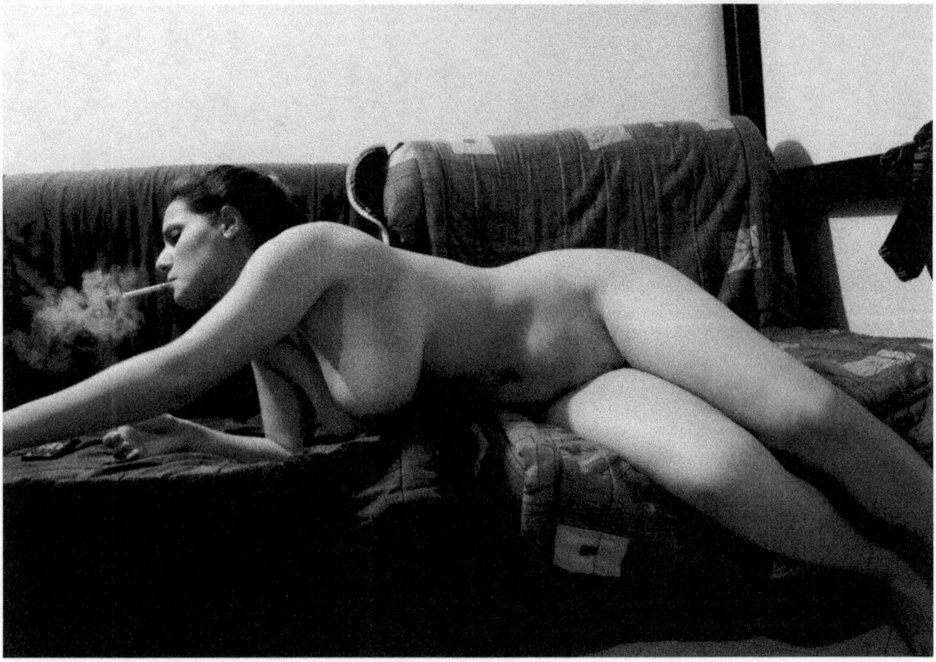

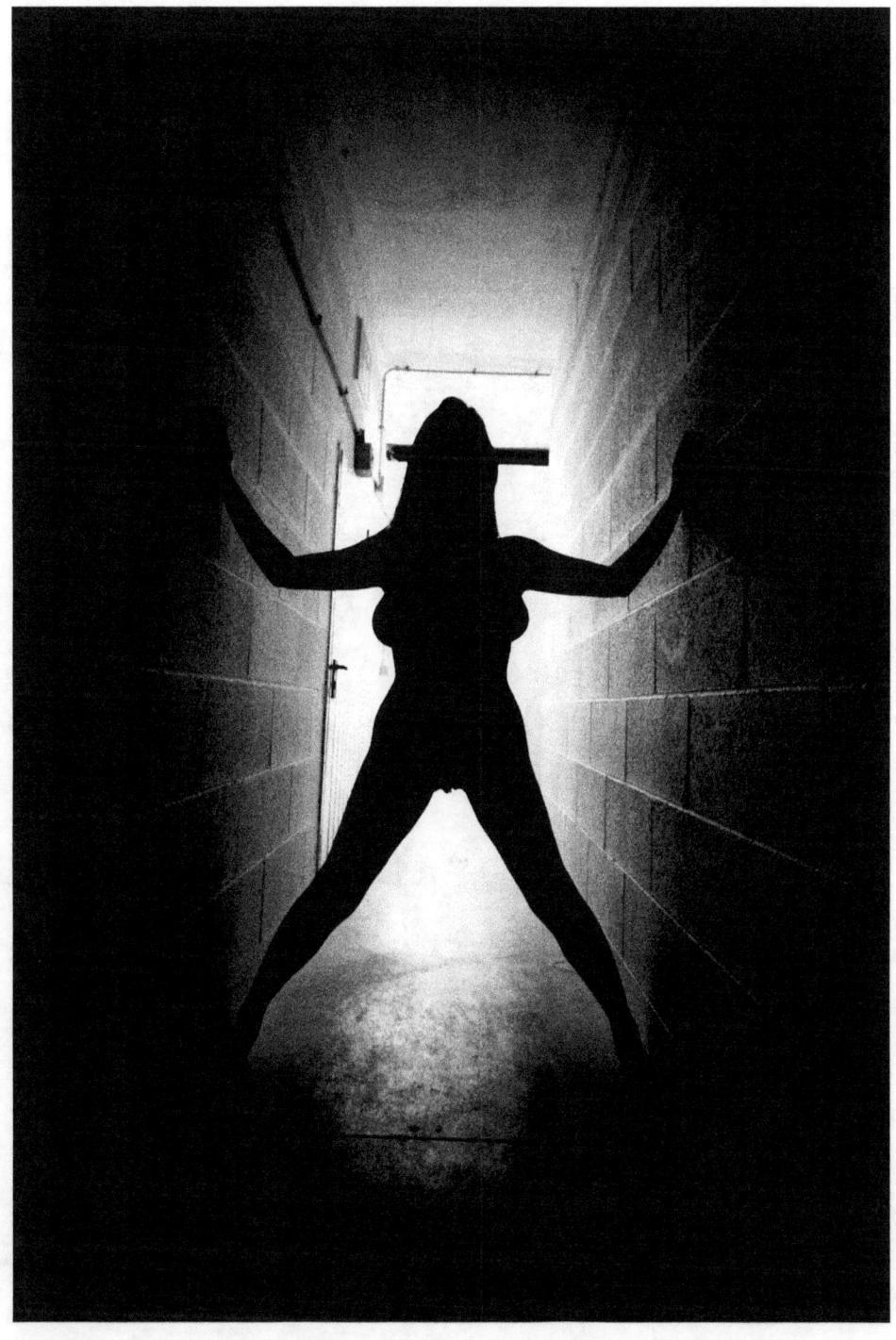

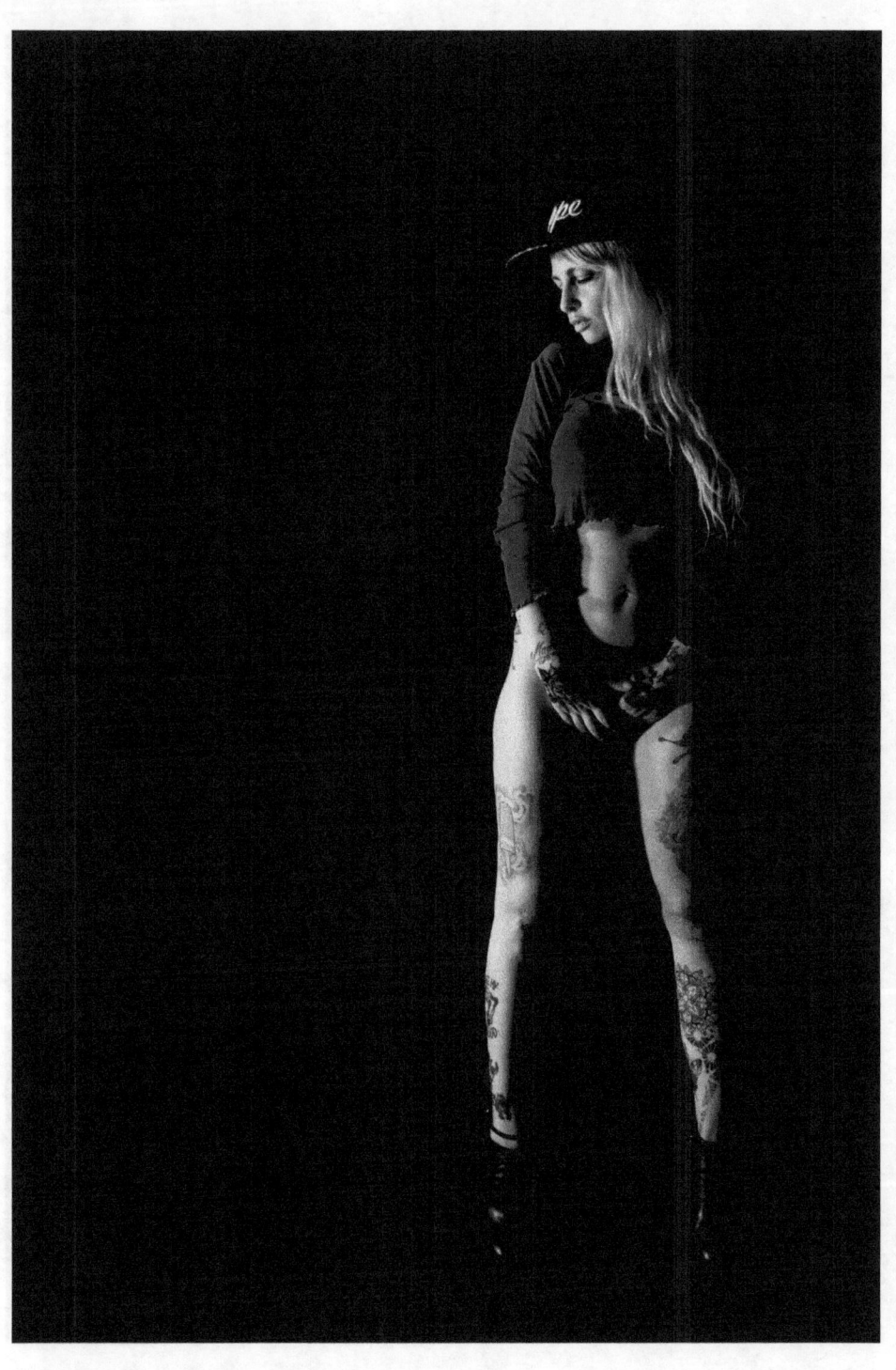

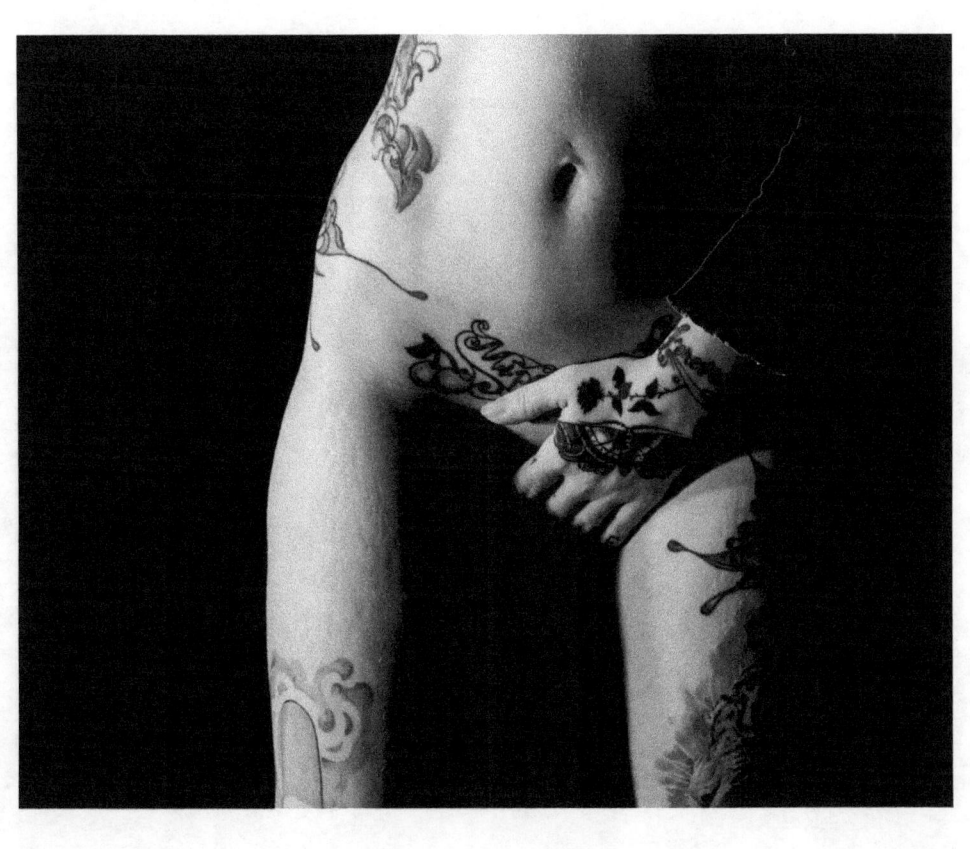

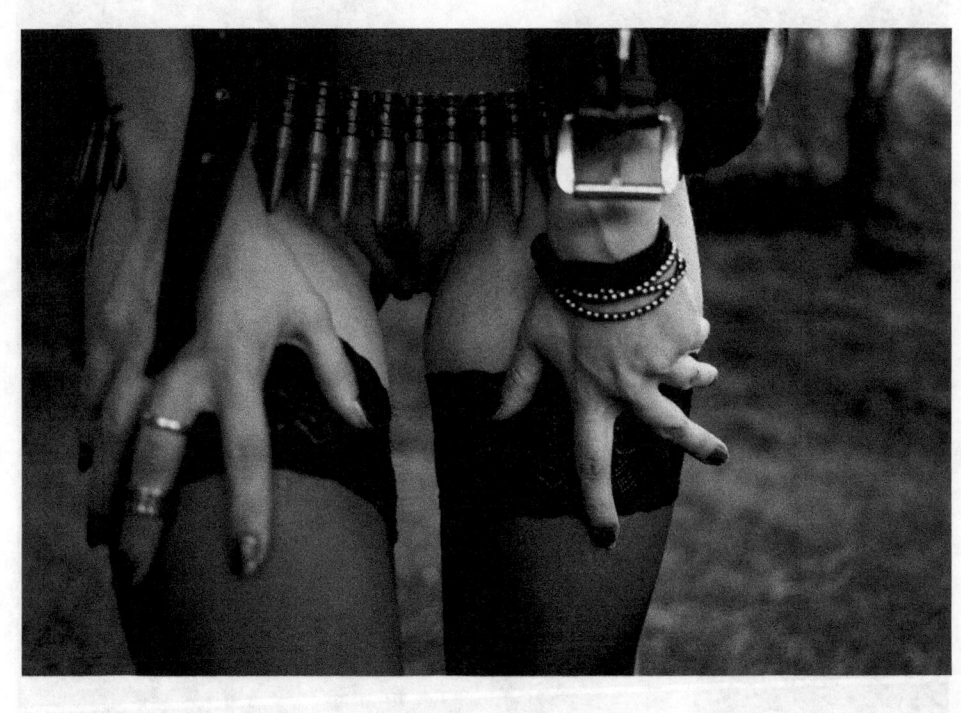

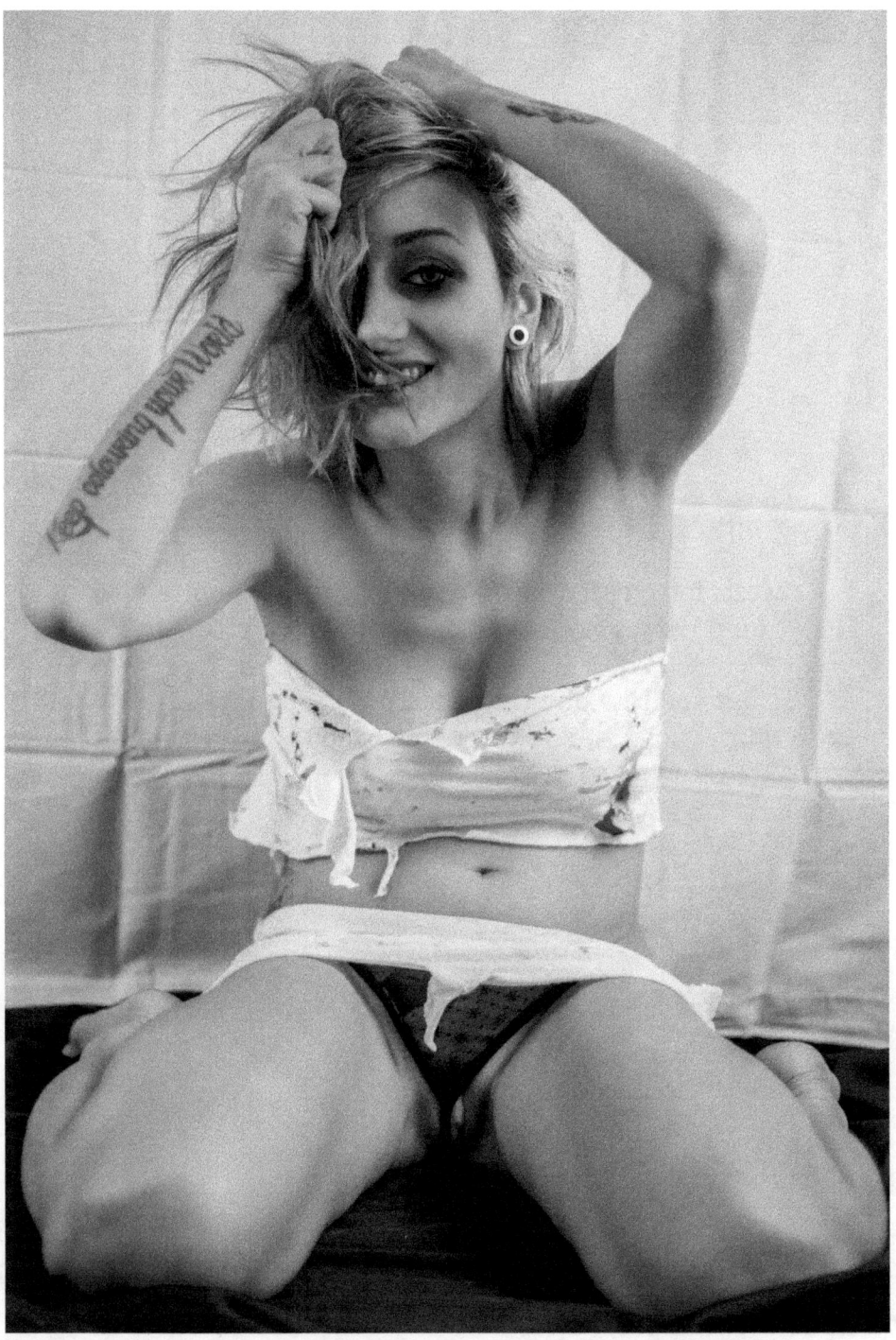

Molti fotografi dicono che per fare una bella foto devi catturare cosa "ha dentro una modella".

La verità è che devi solo preoccuparti della superficie, per l'interno ci sono le radiografie.

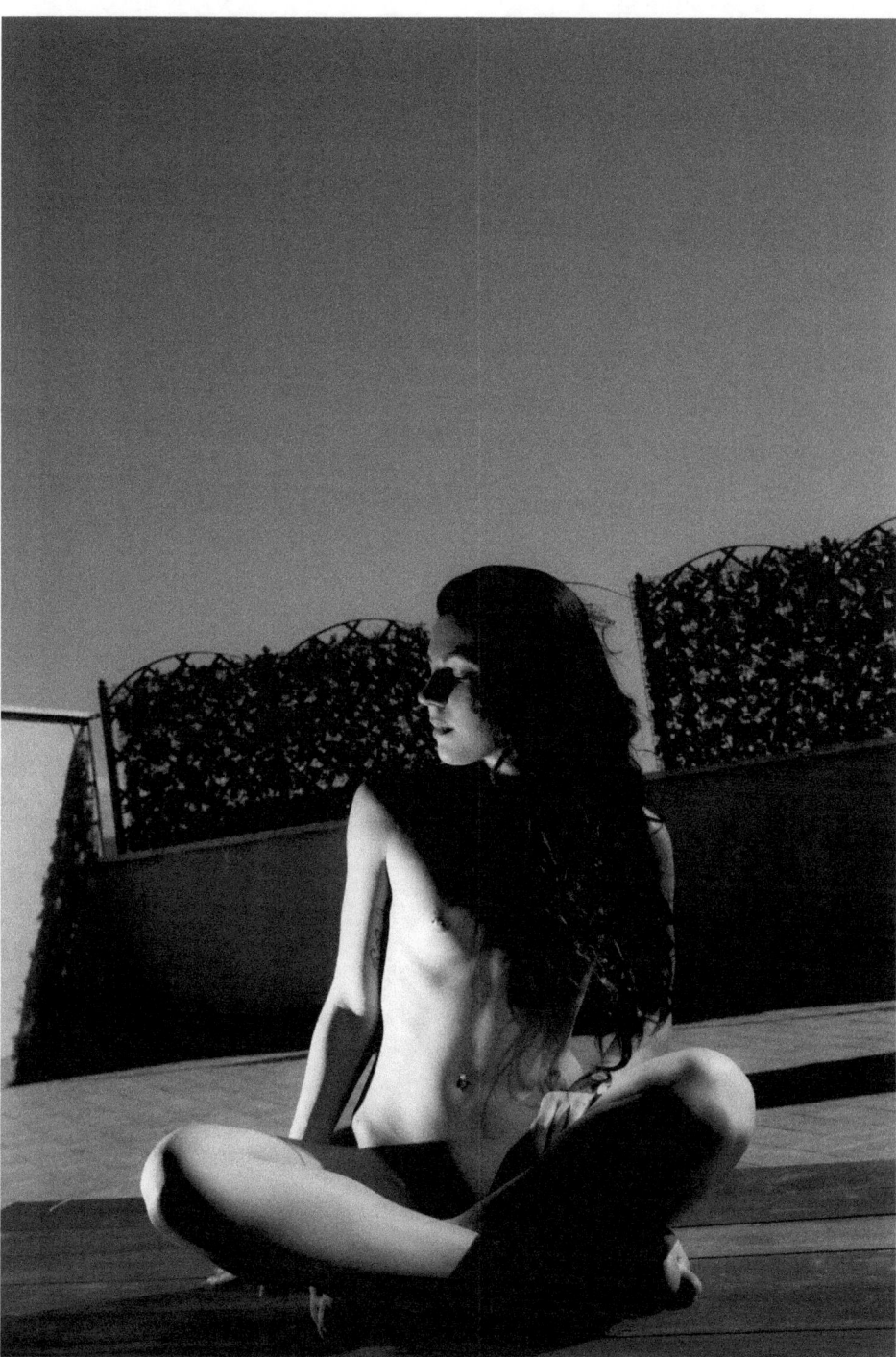

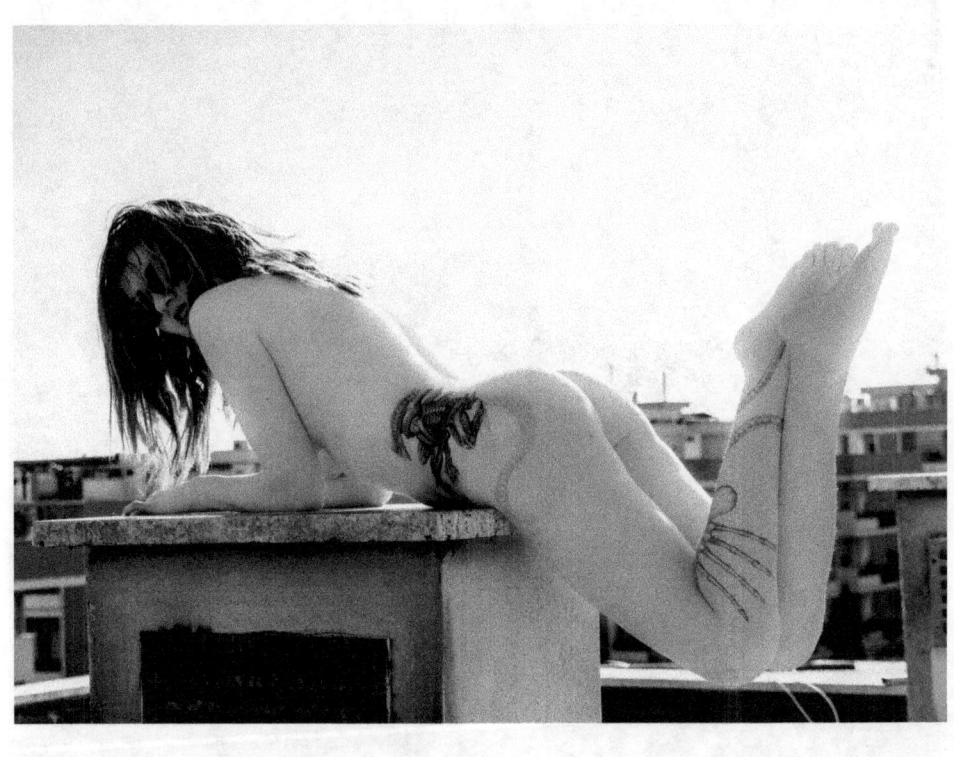

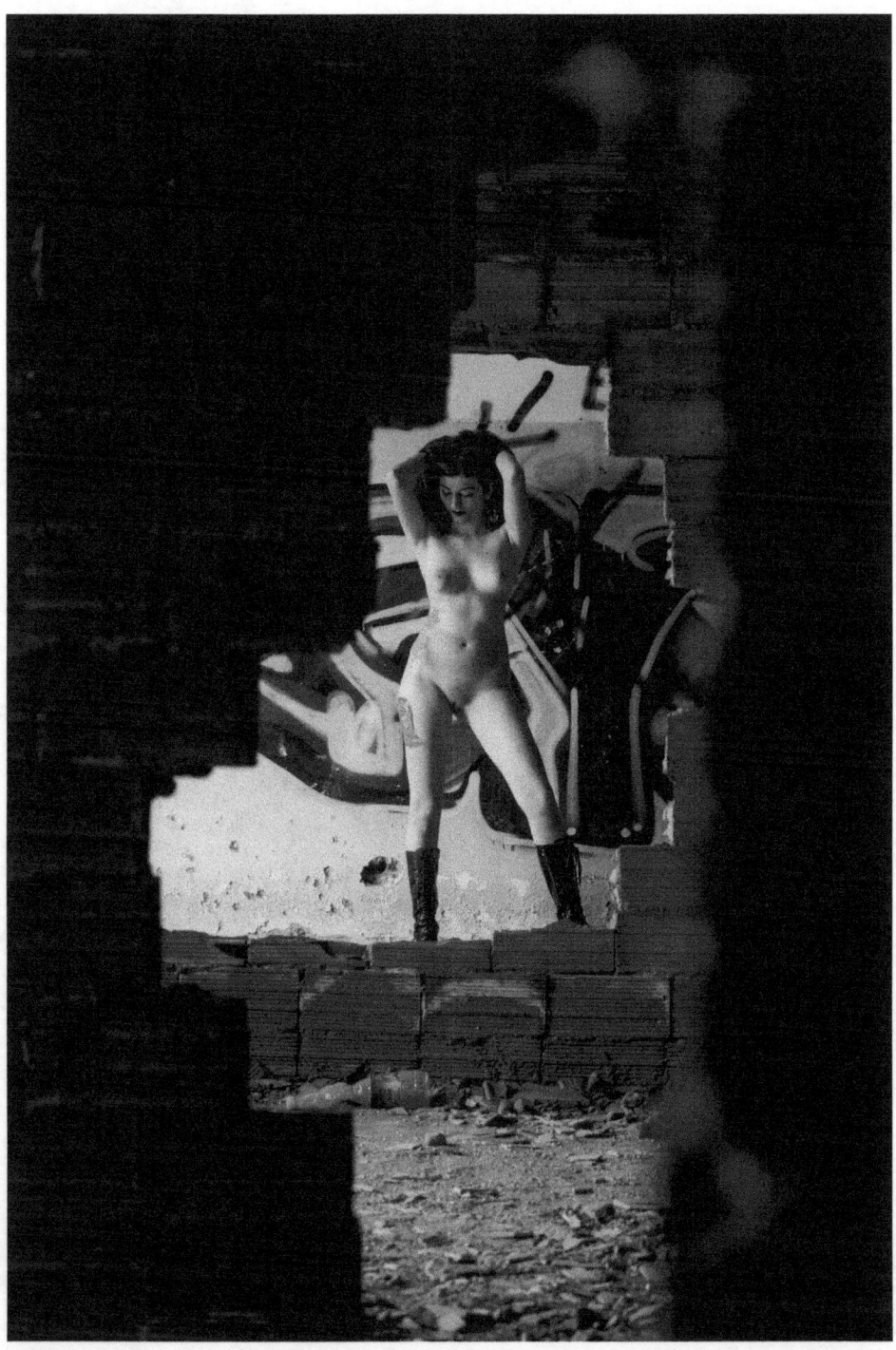

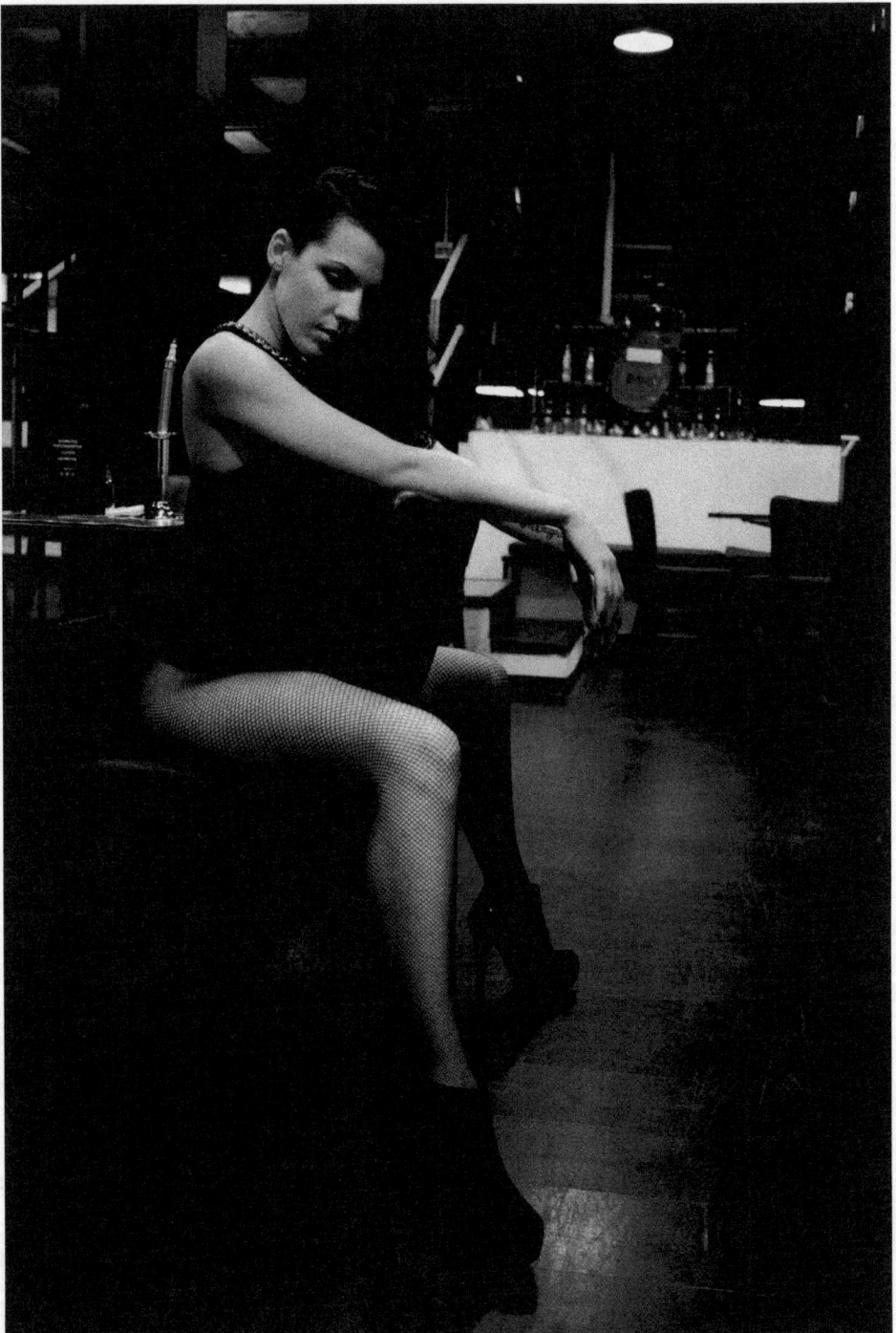

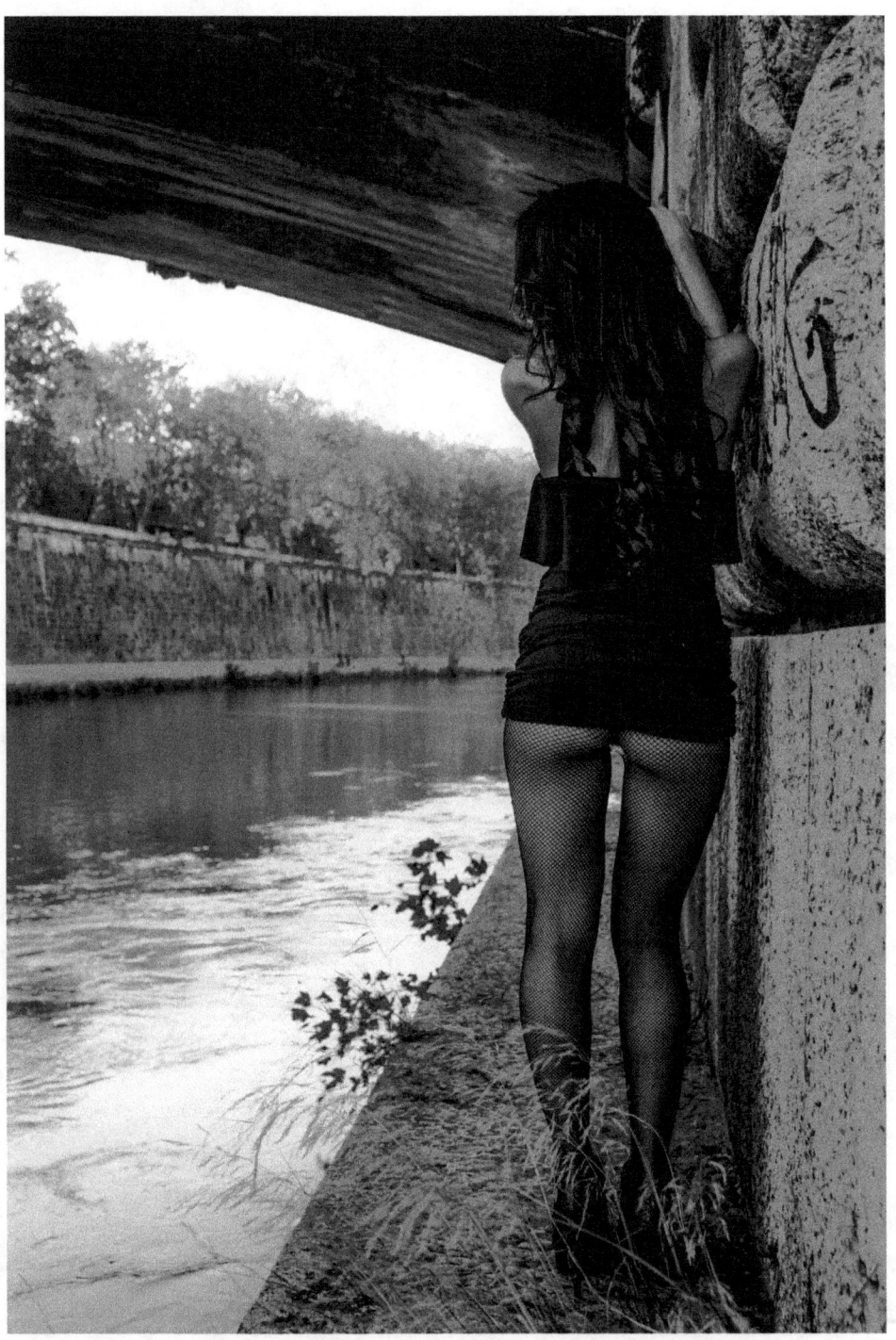

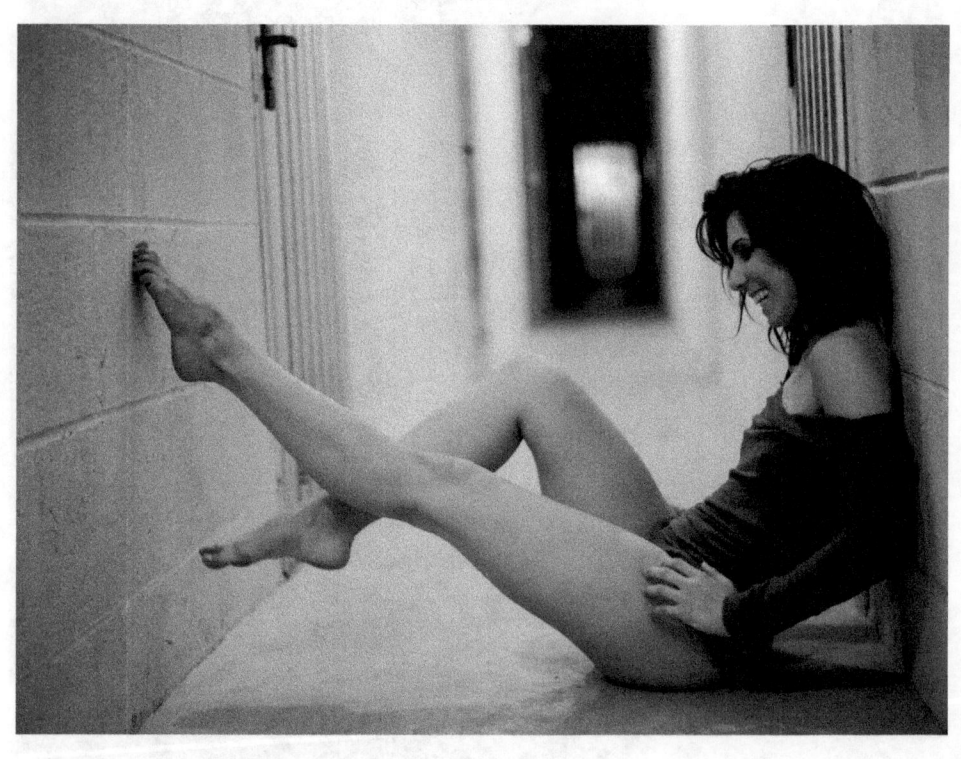

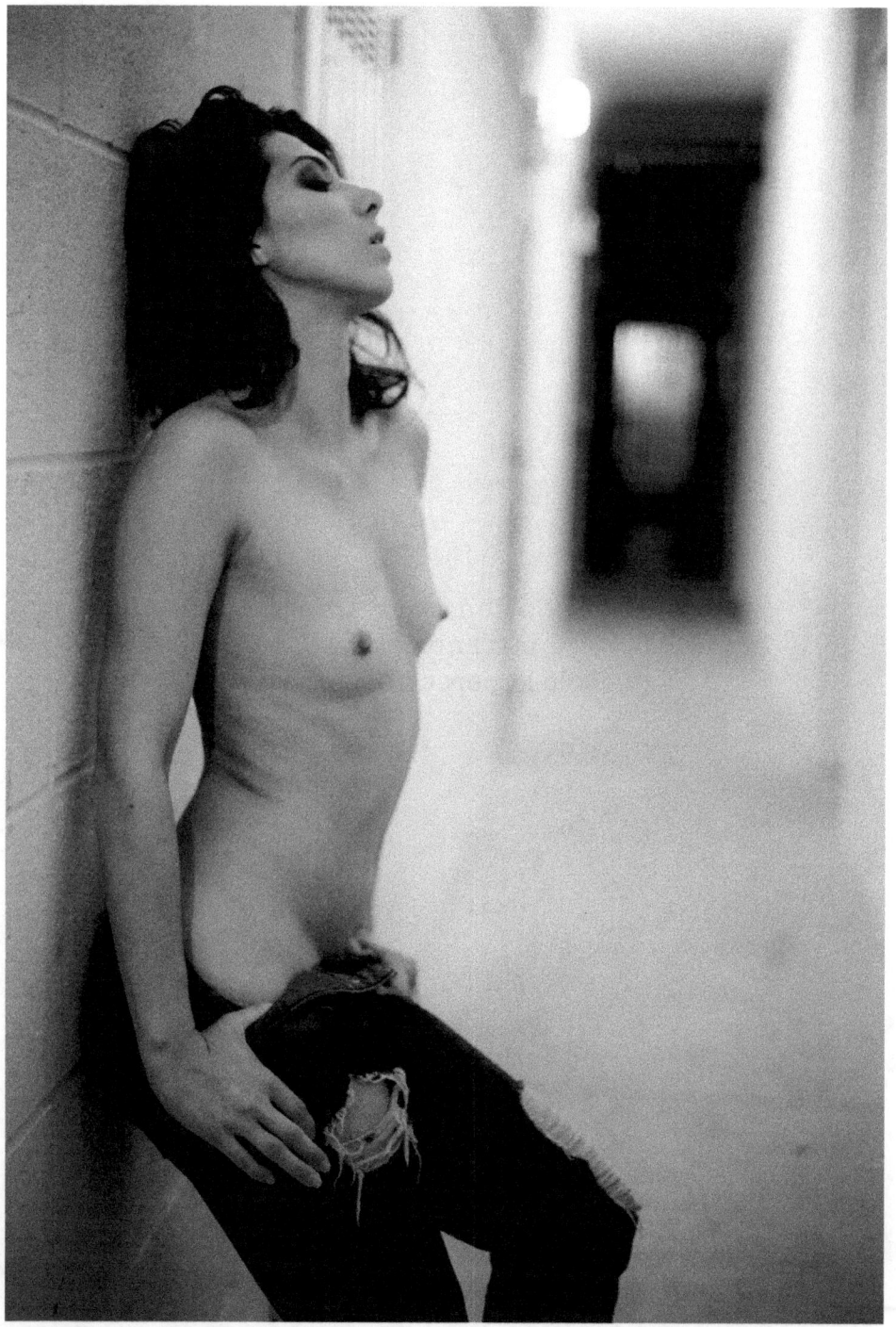

Fotografando non cambiamo il mondo
attorno a noi,
ma solo la percezione di esso.

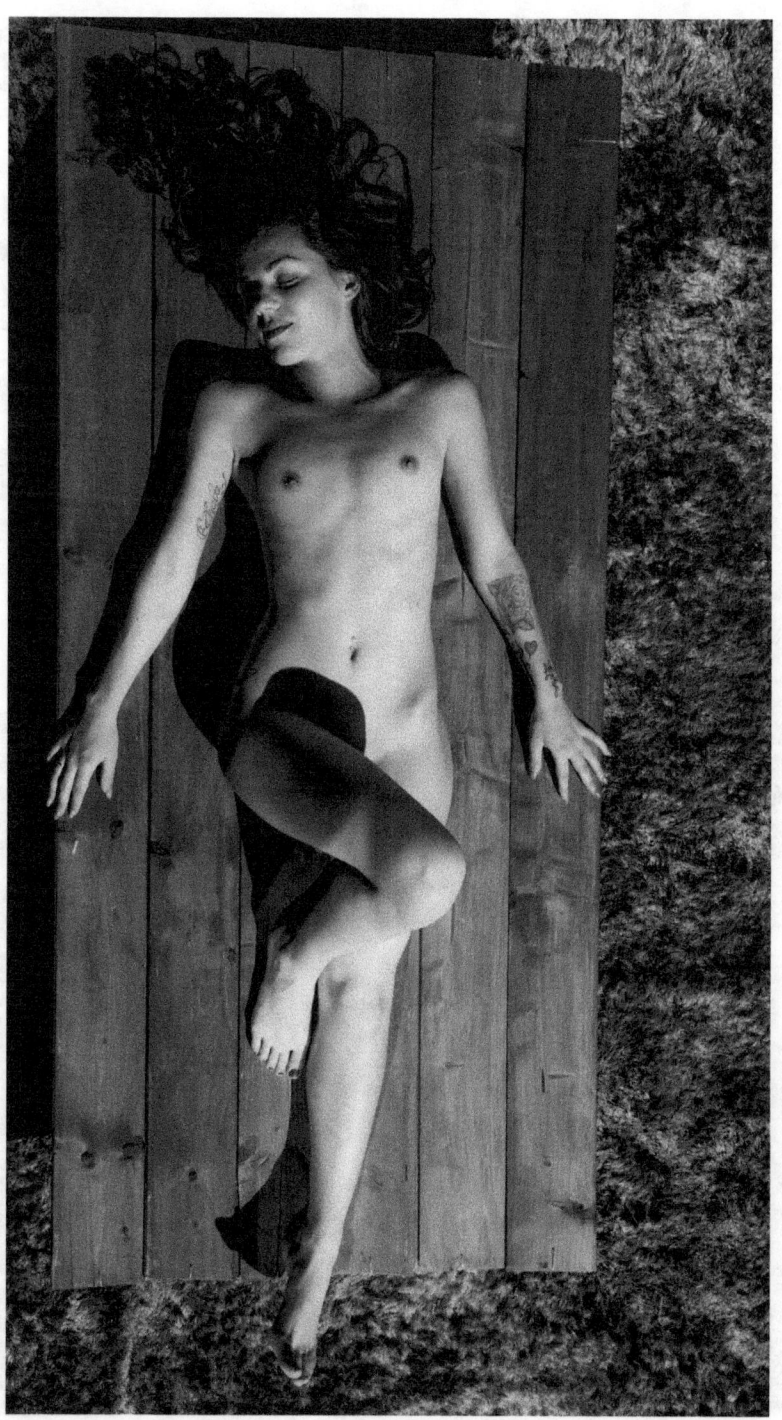

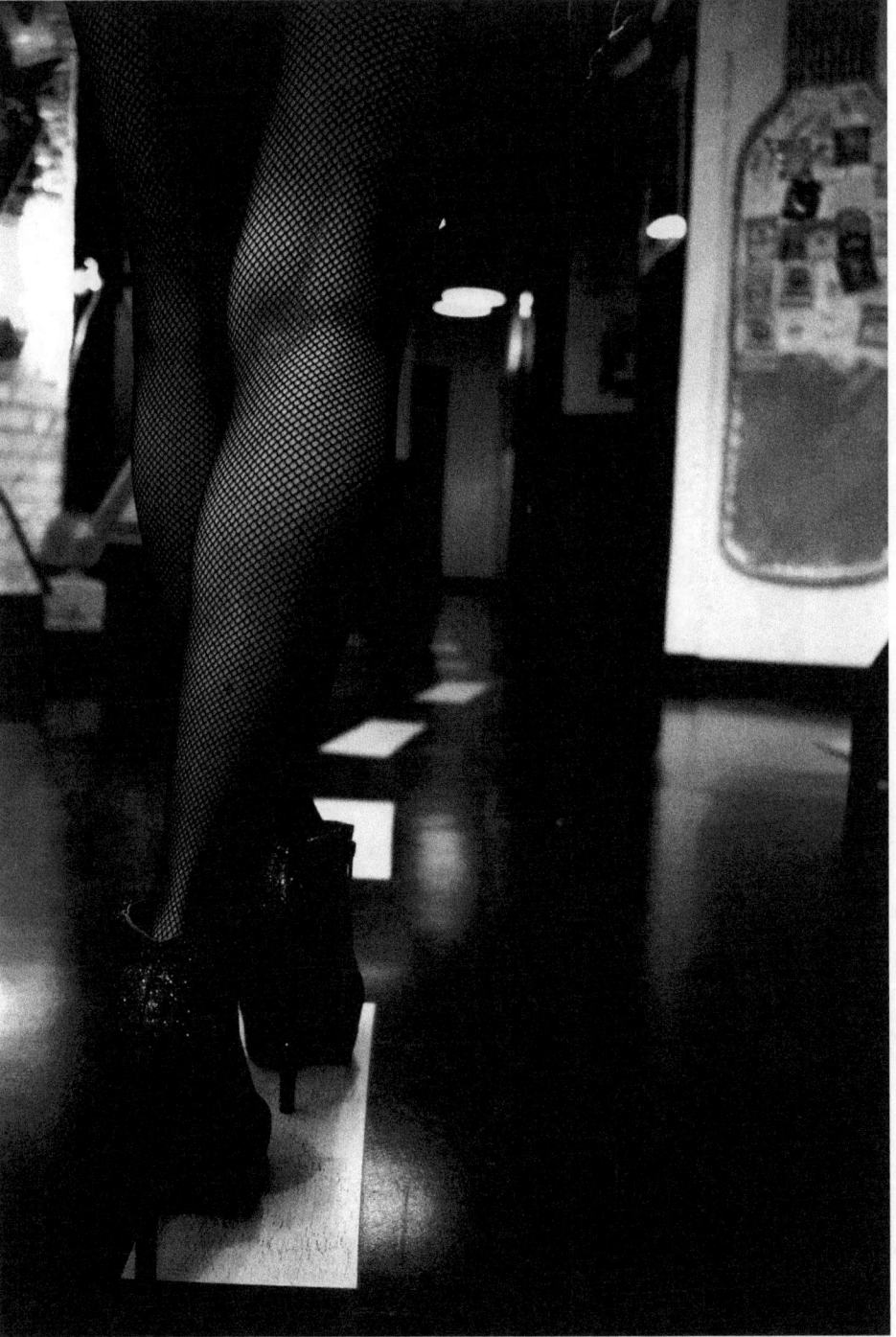

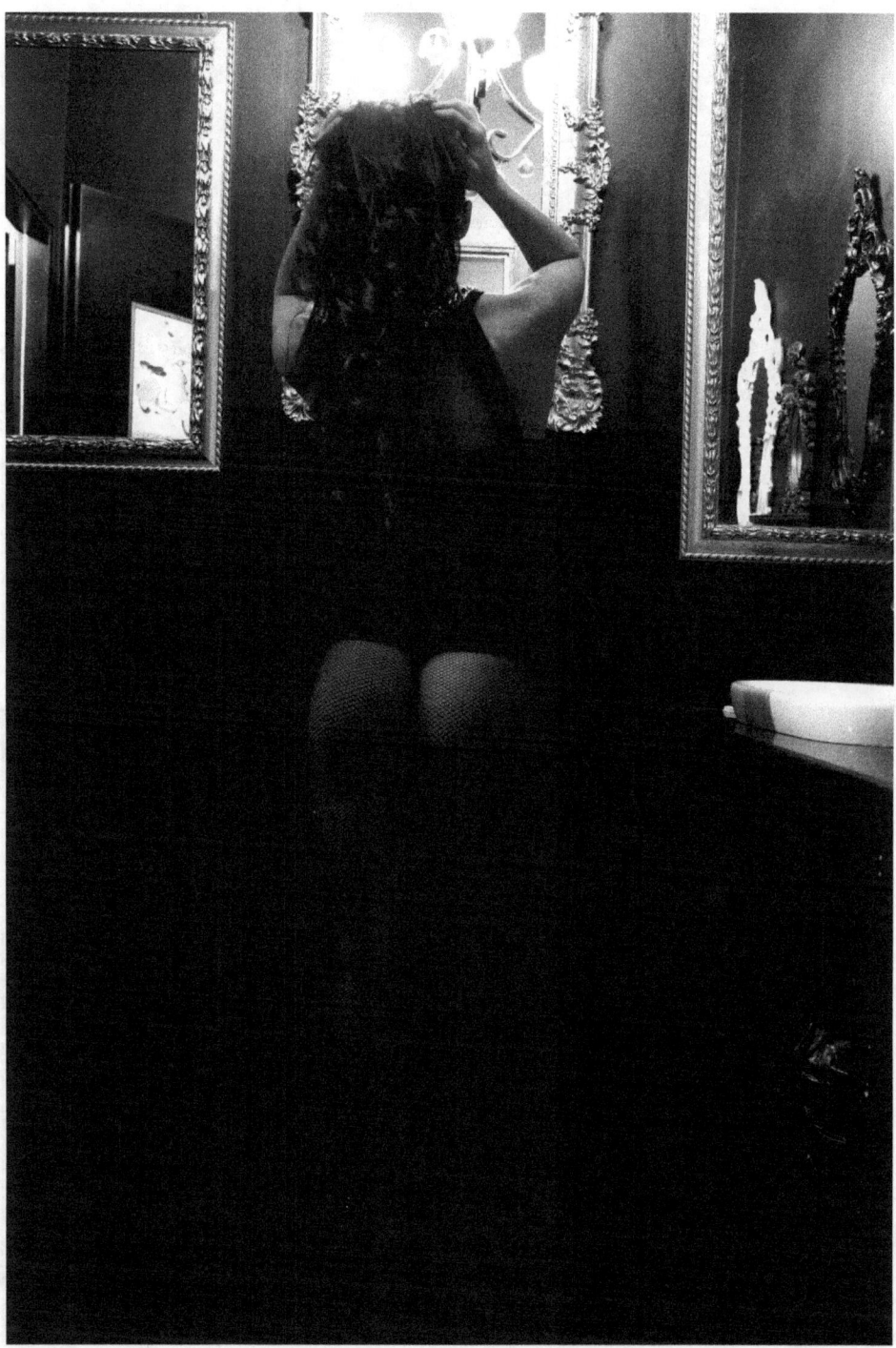

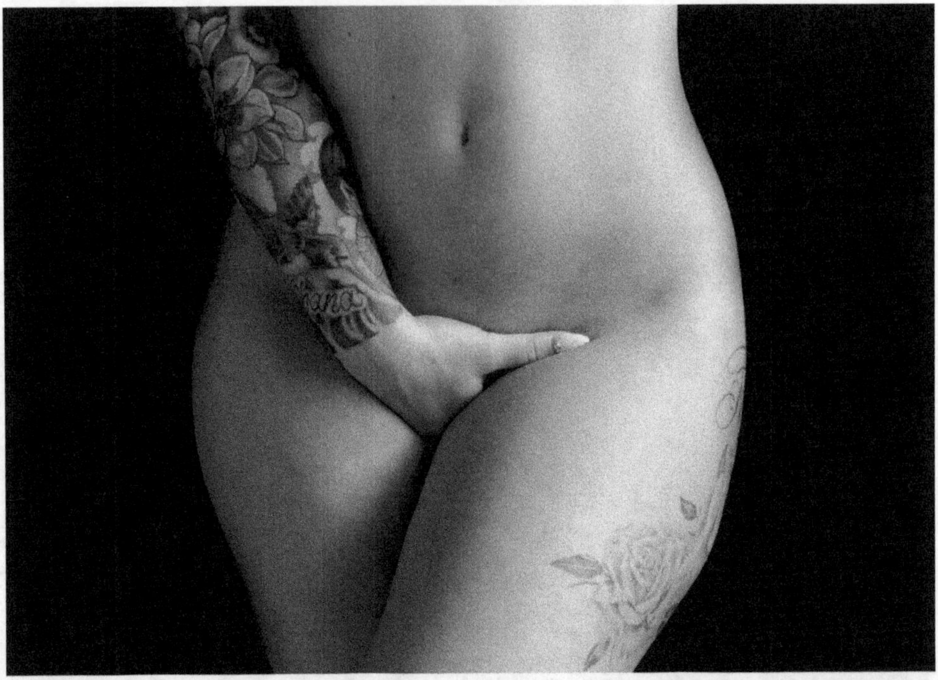

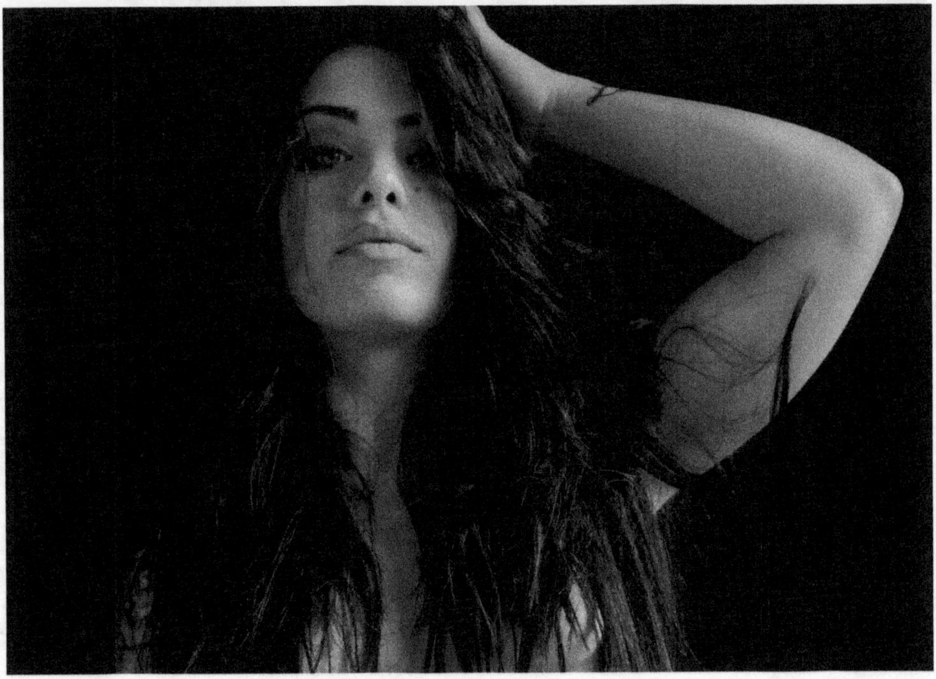

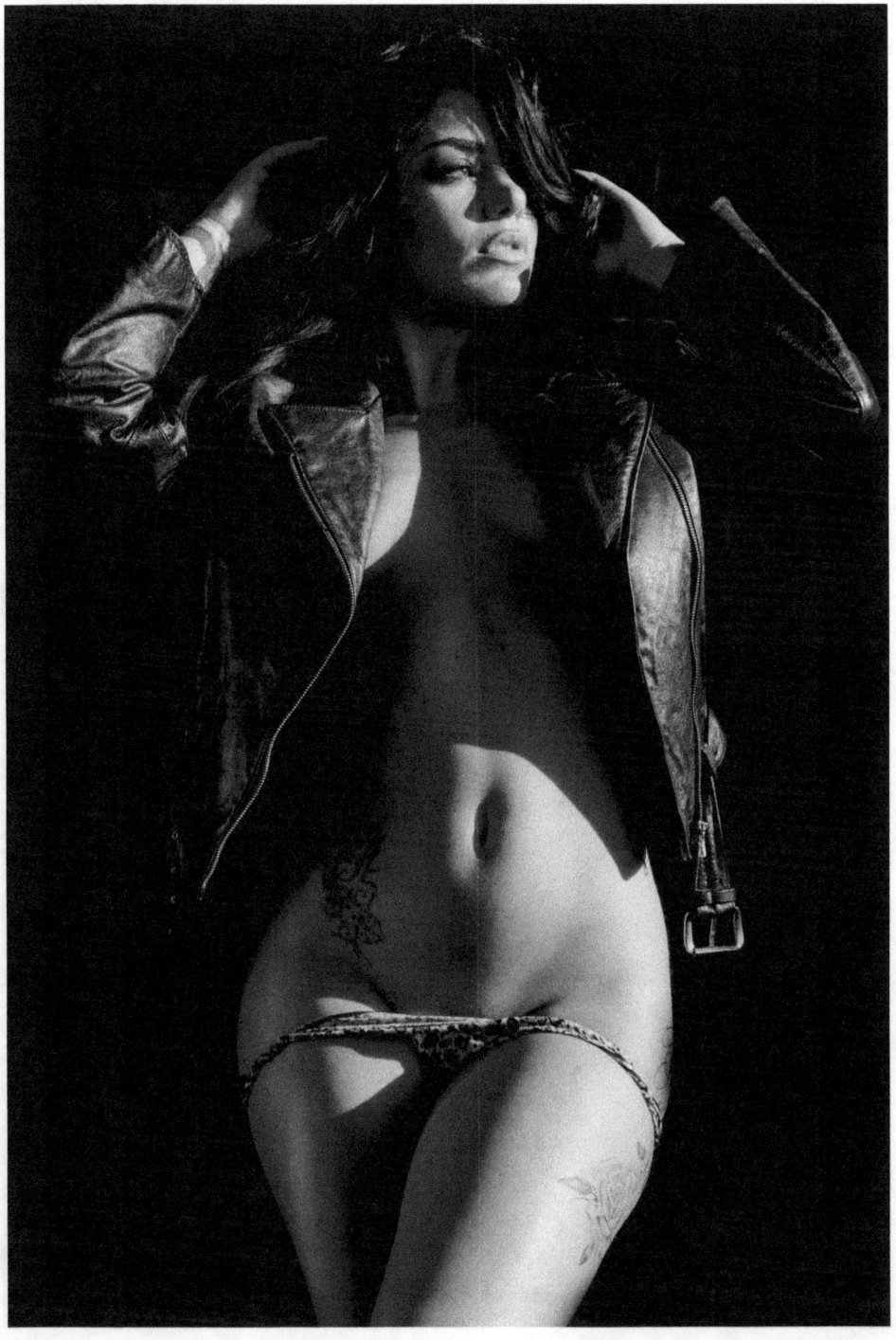

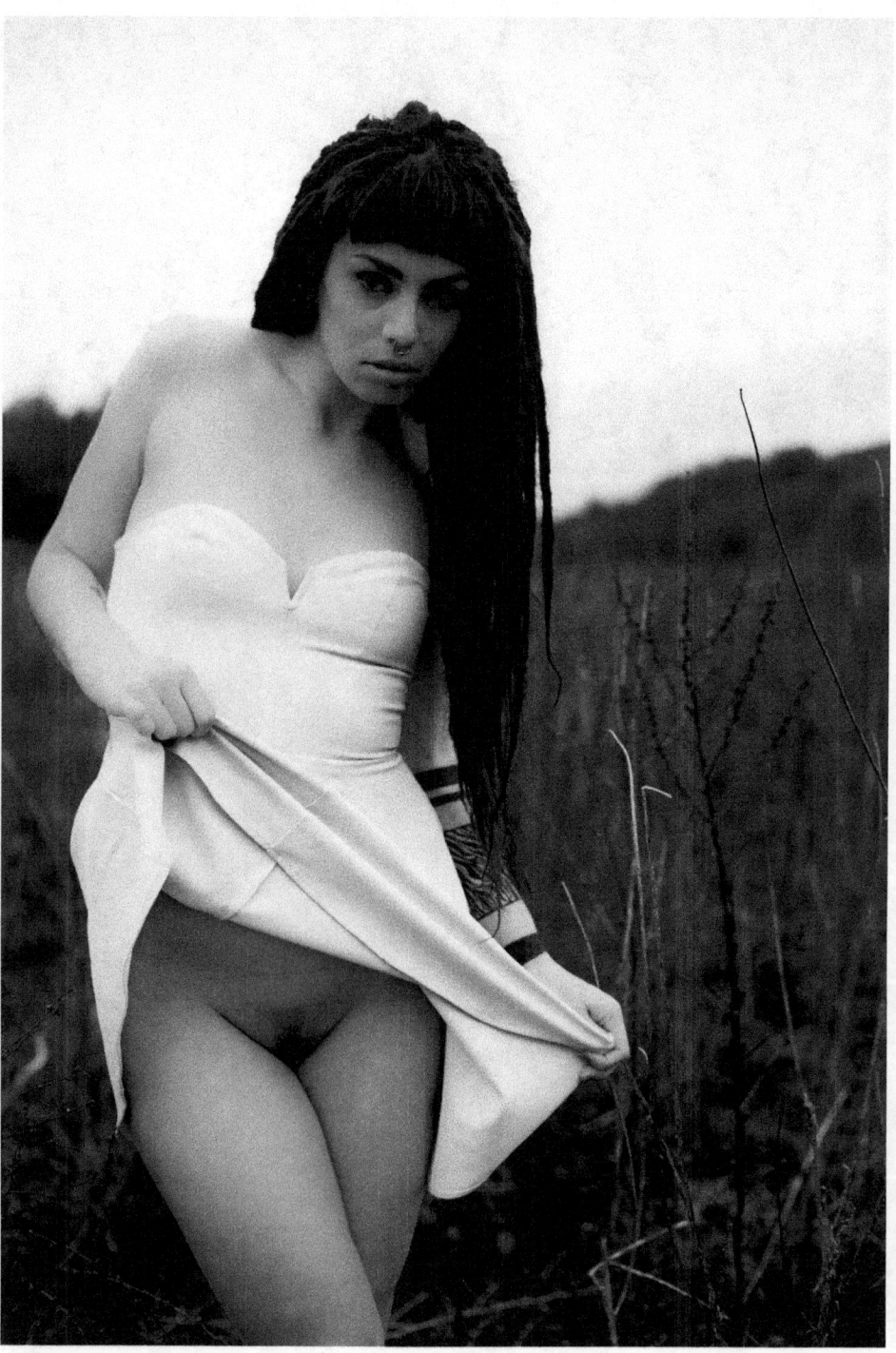

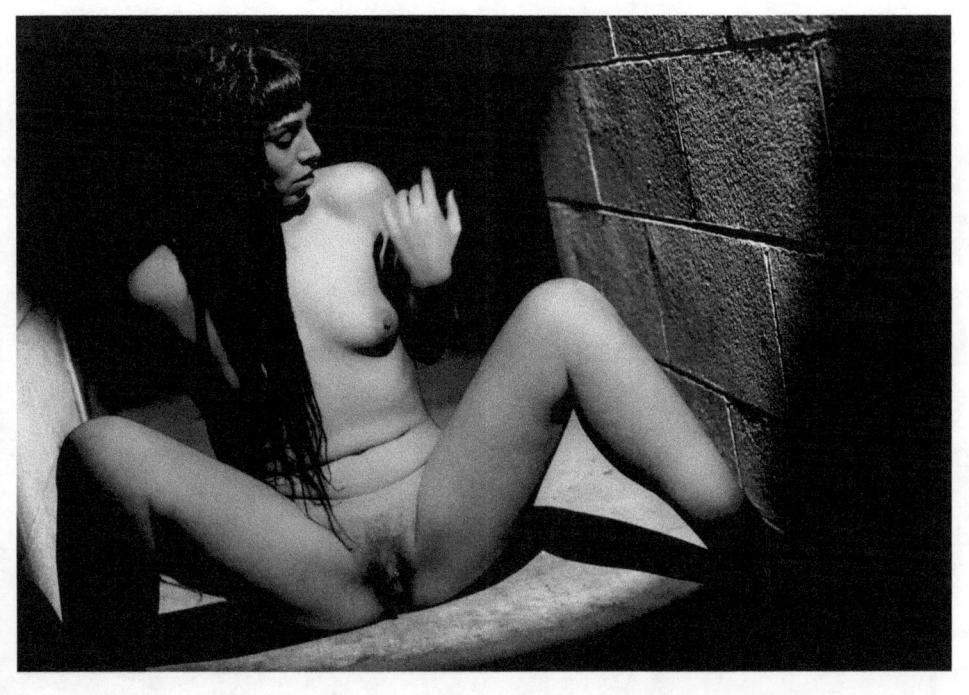

Ho passato i momenti più belli della fotografia,
nelle cantine o nelle discariche..

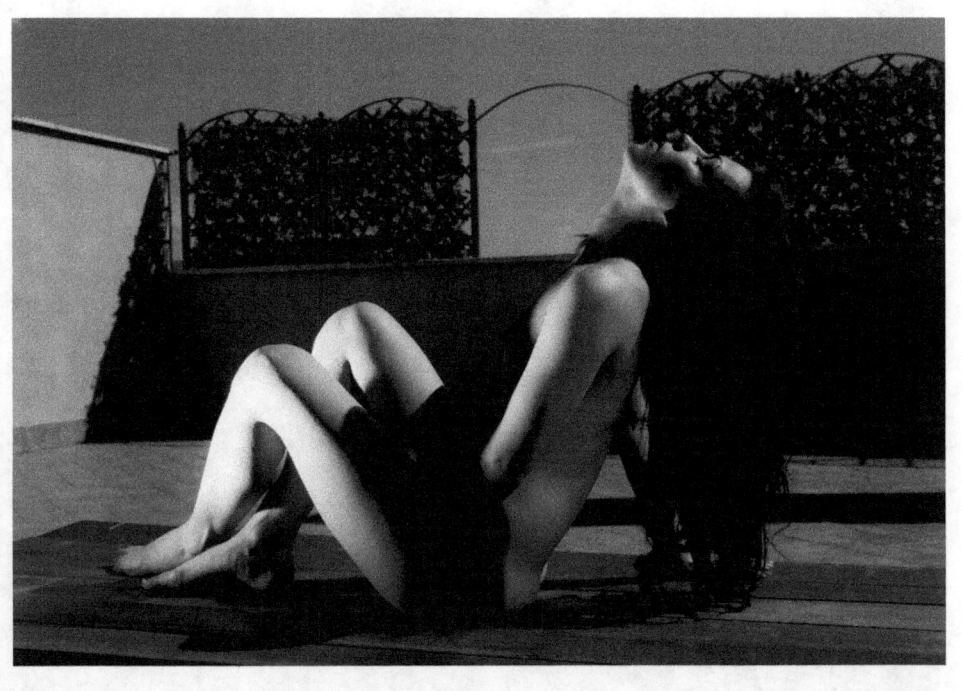

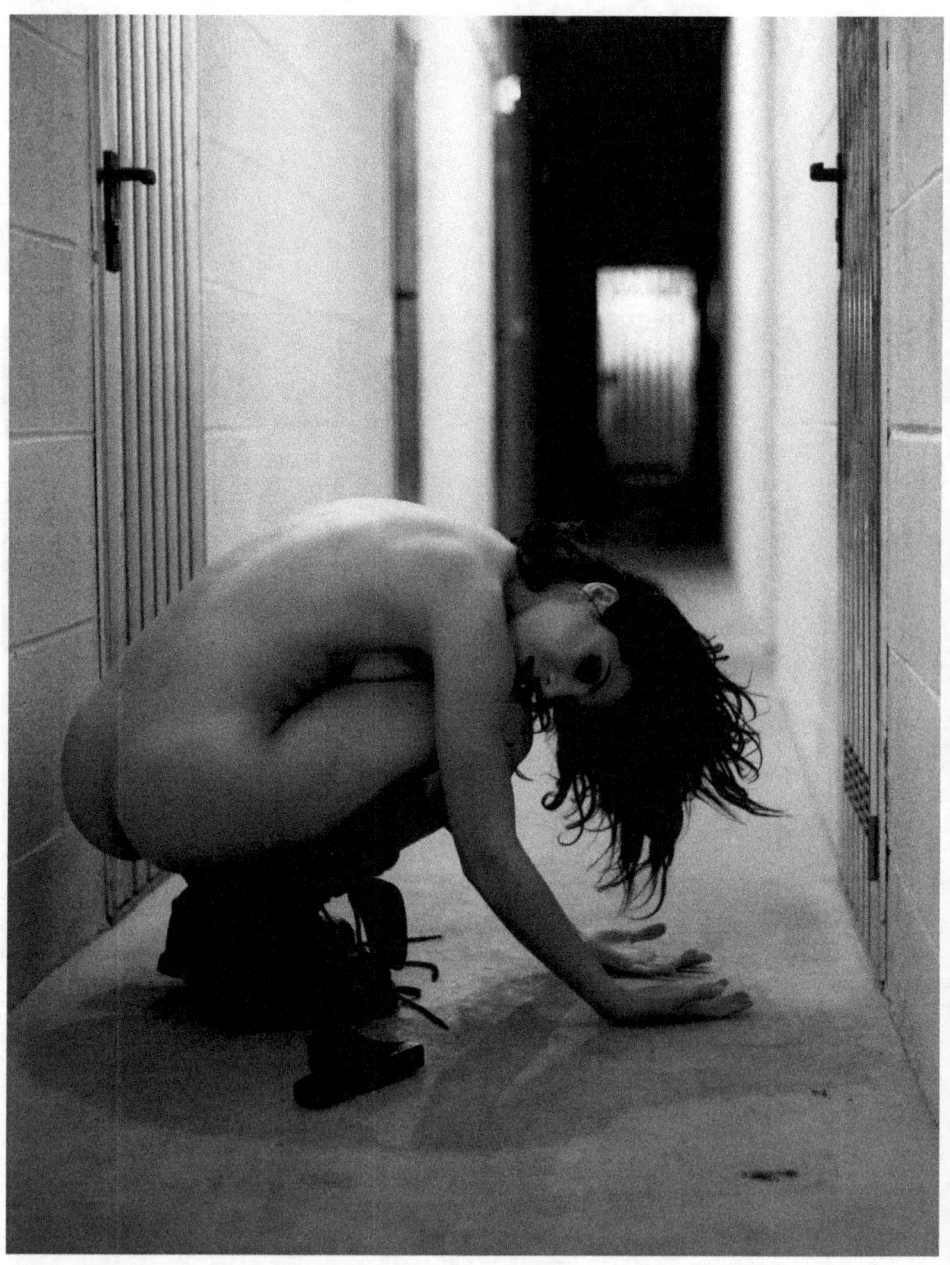

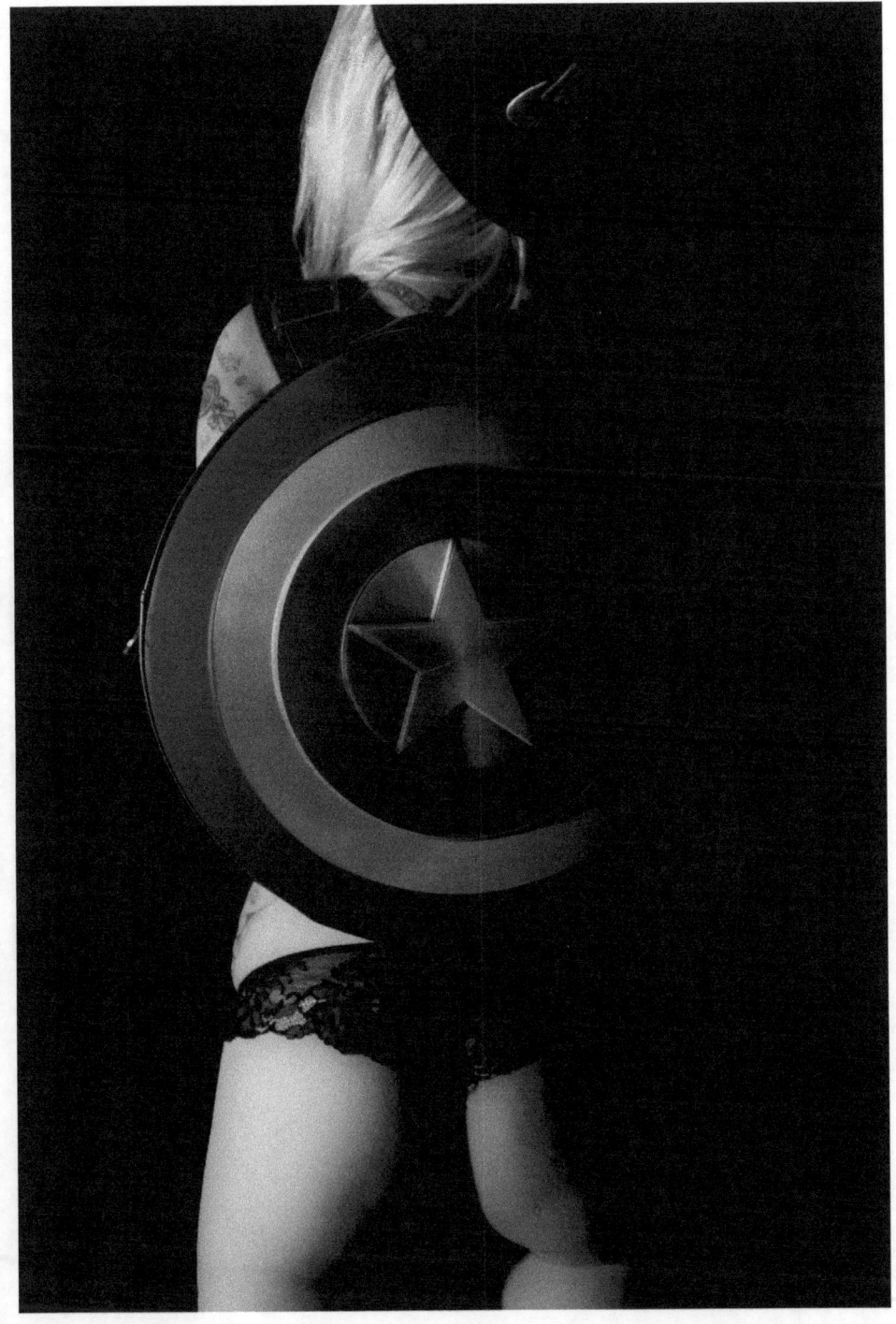

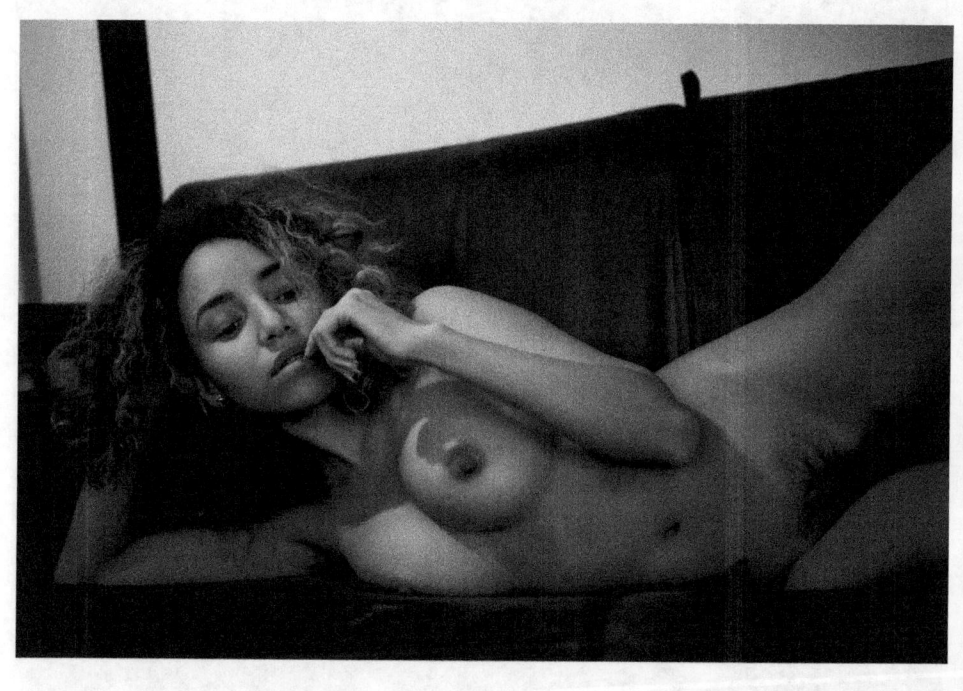

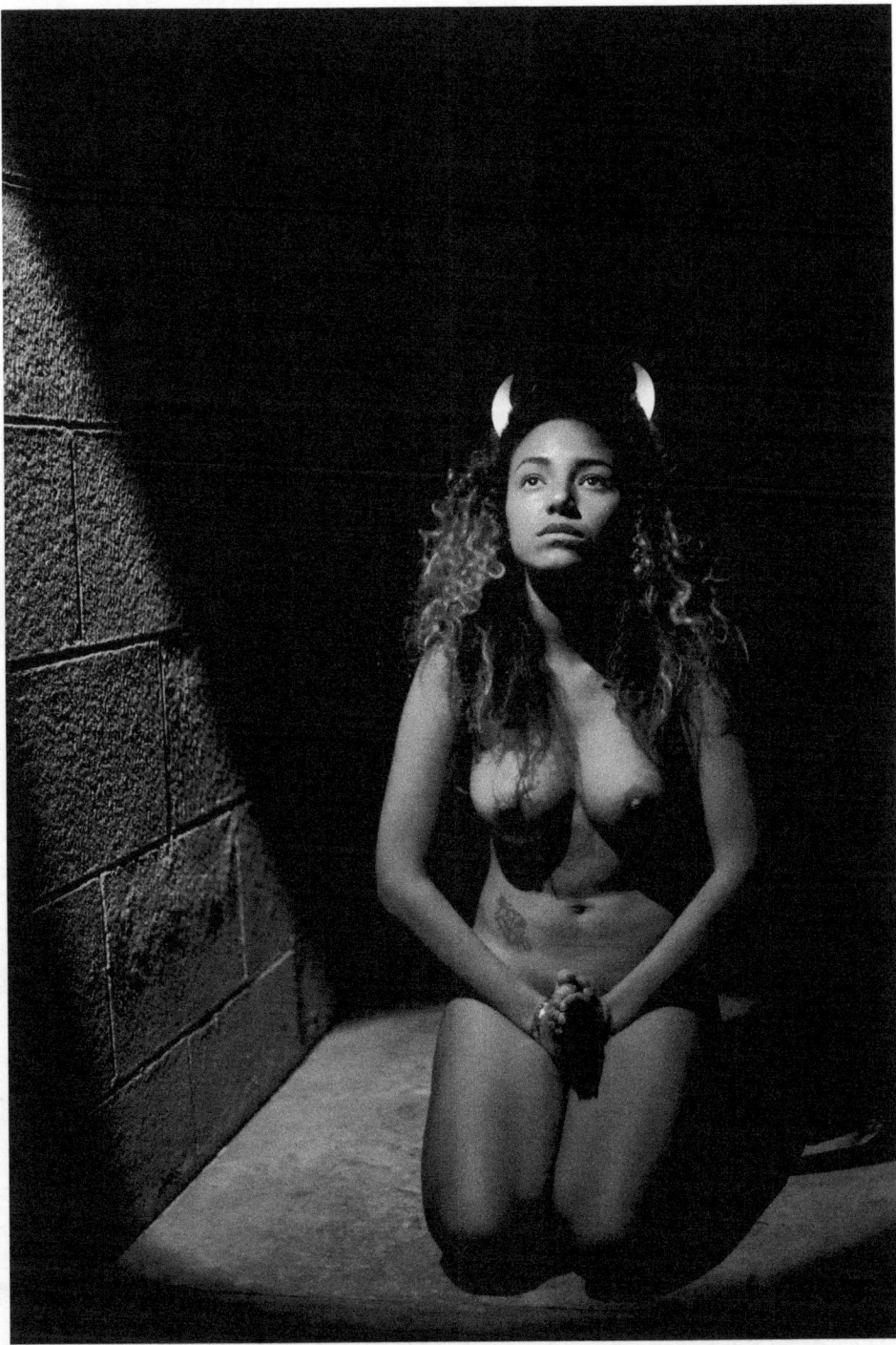

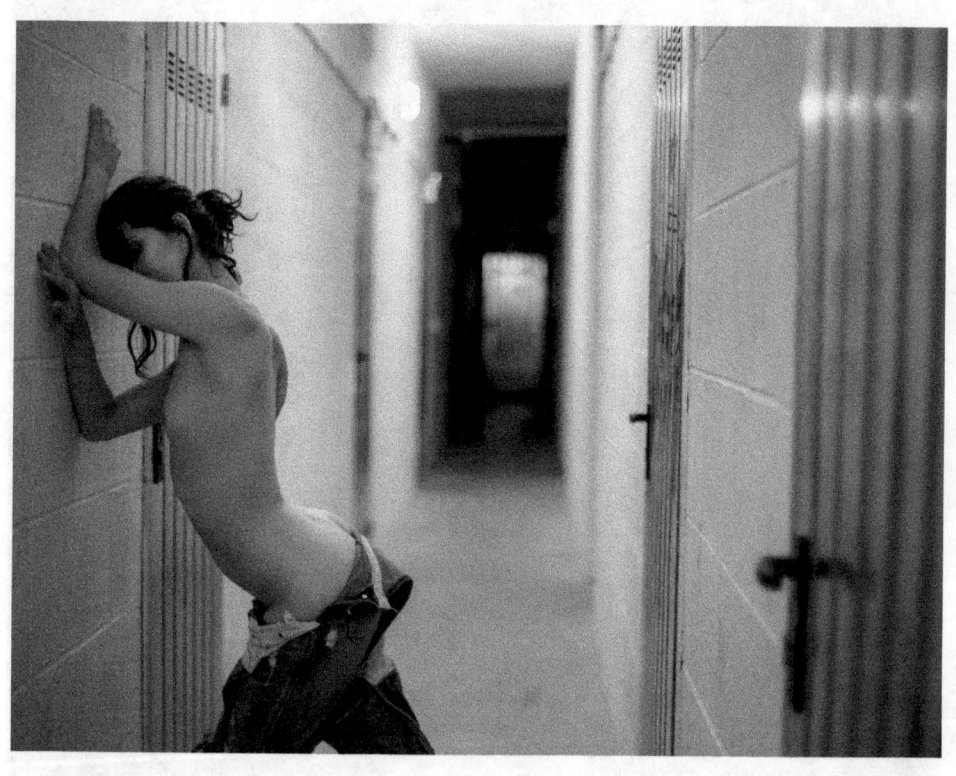

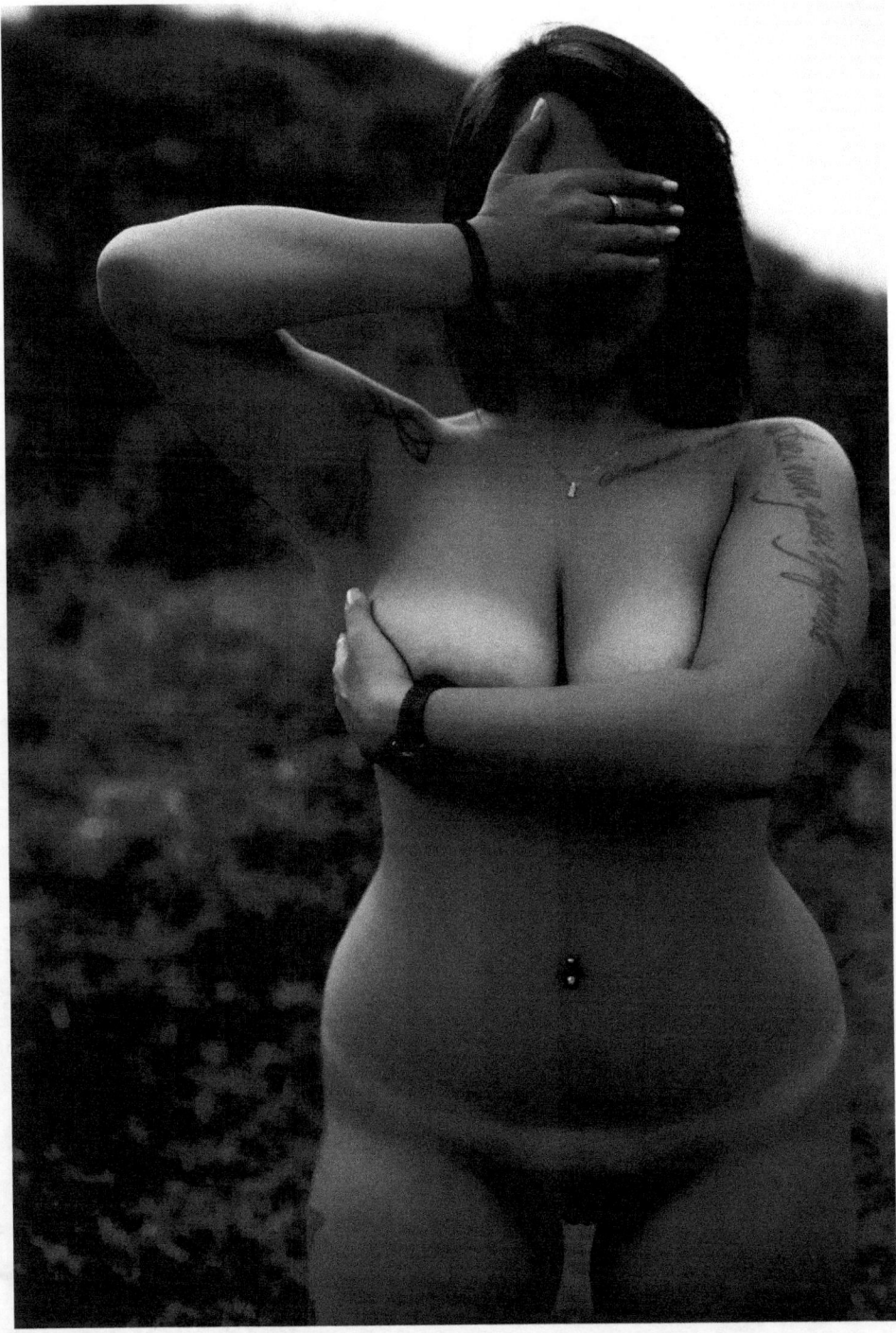

Le sole limitazioni di un immagine, si chiamano
"regole fotografiche".

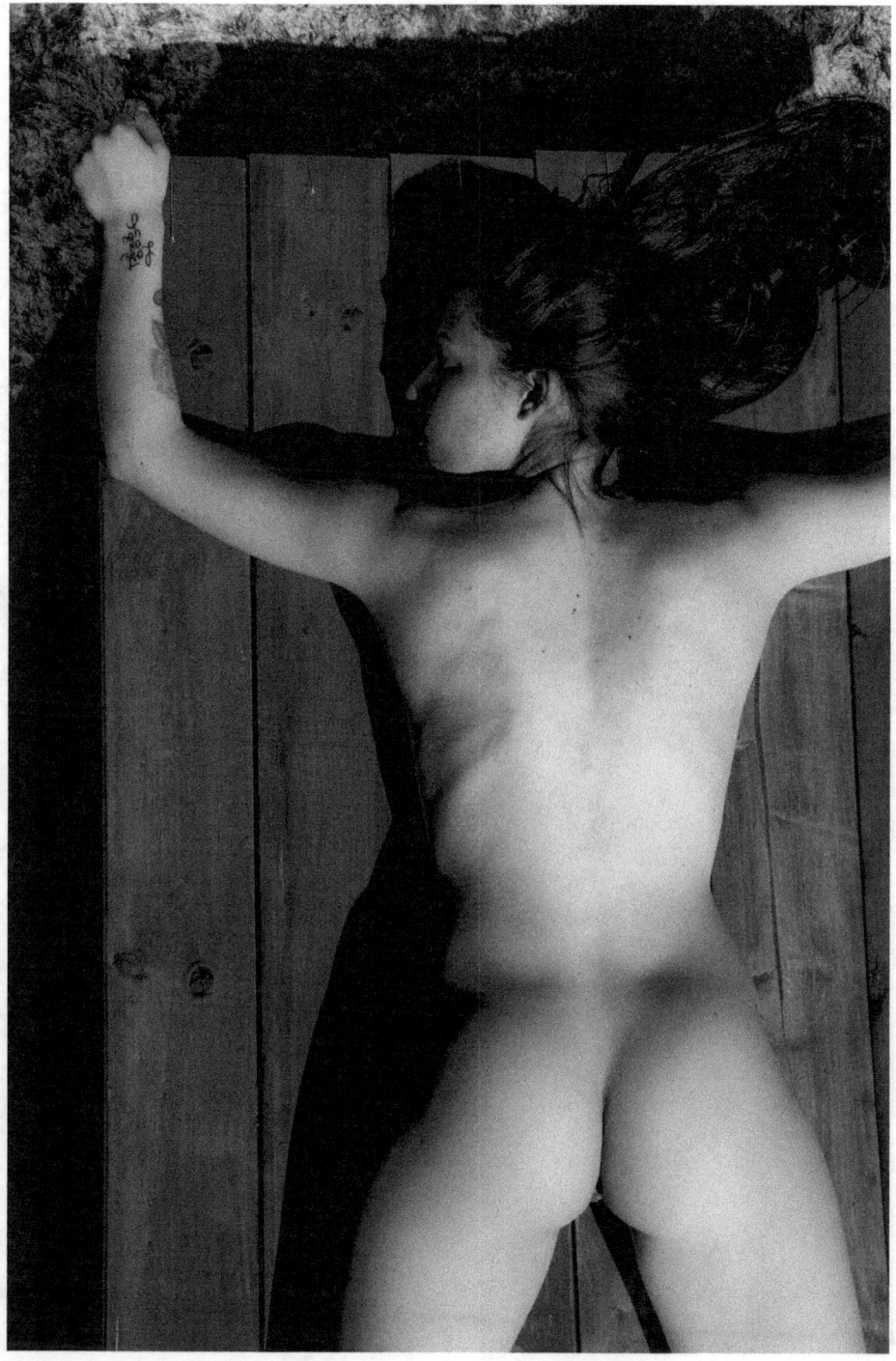

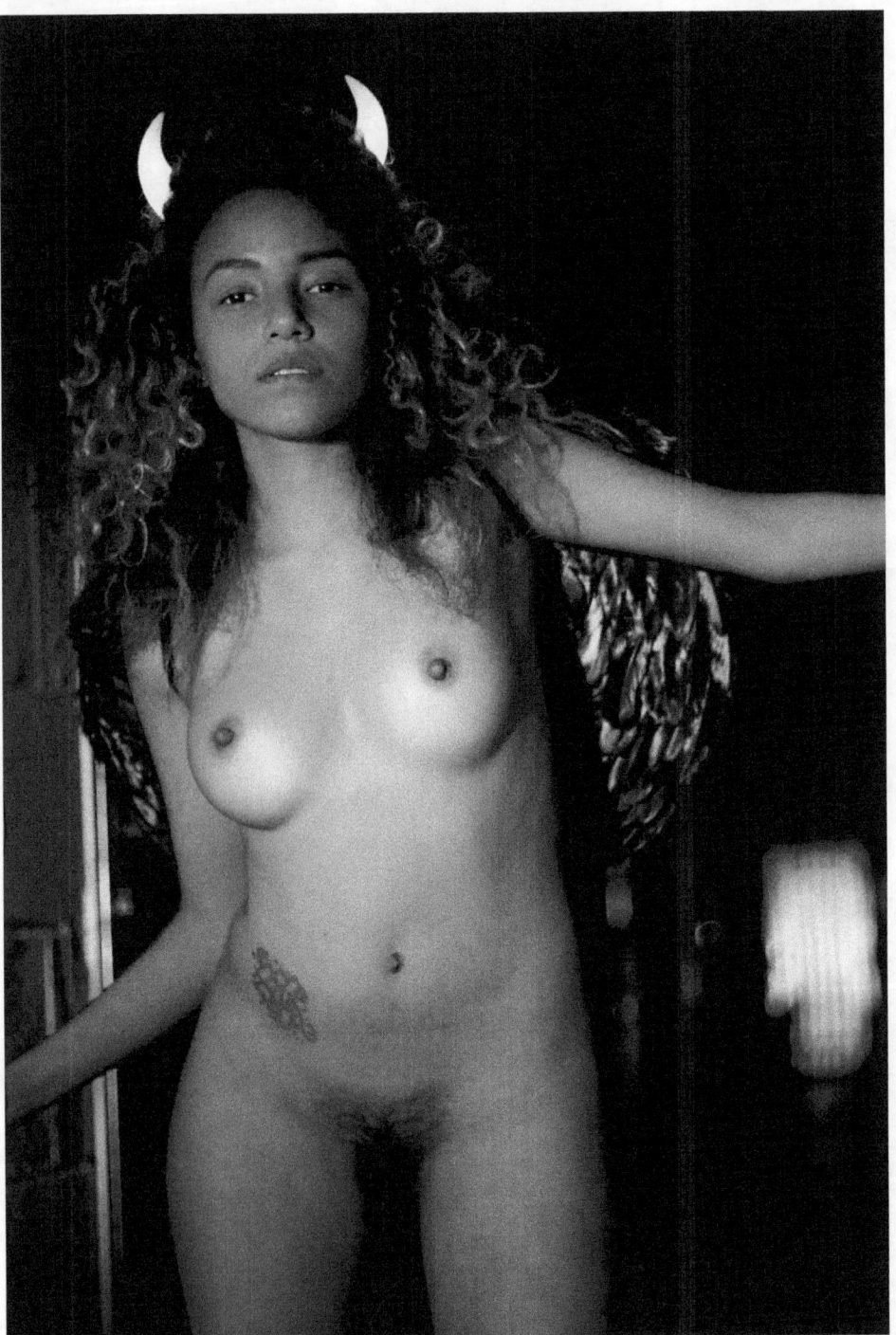

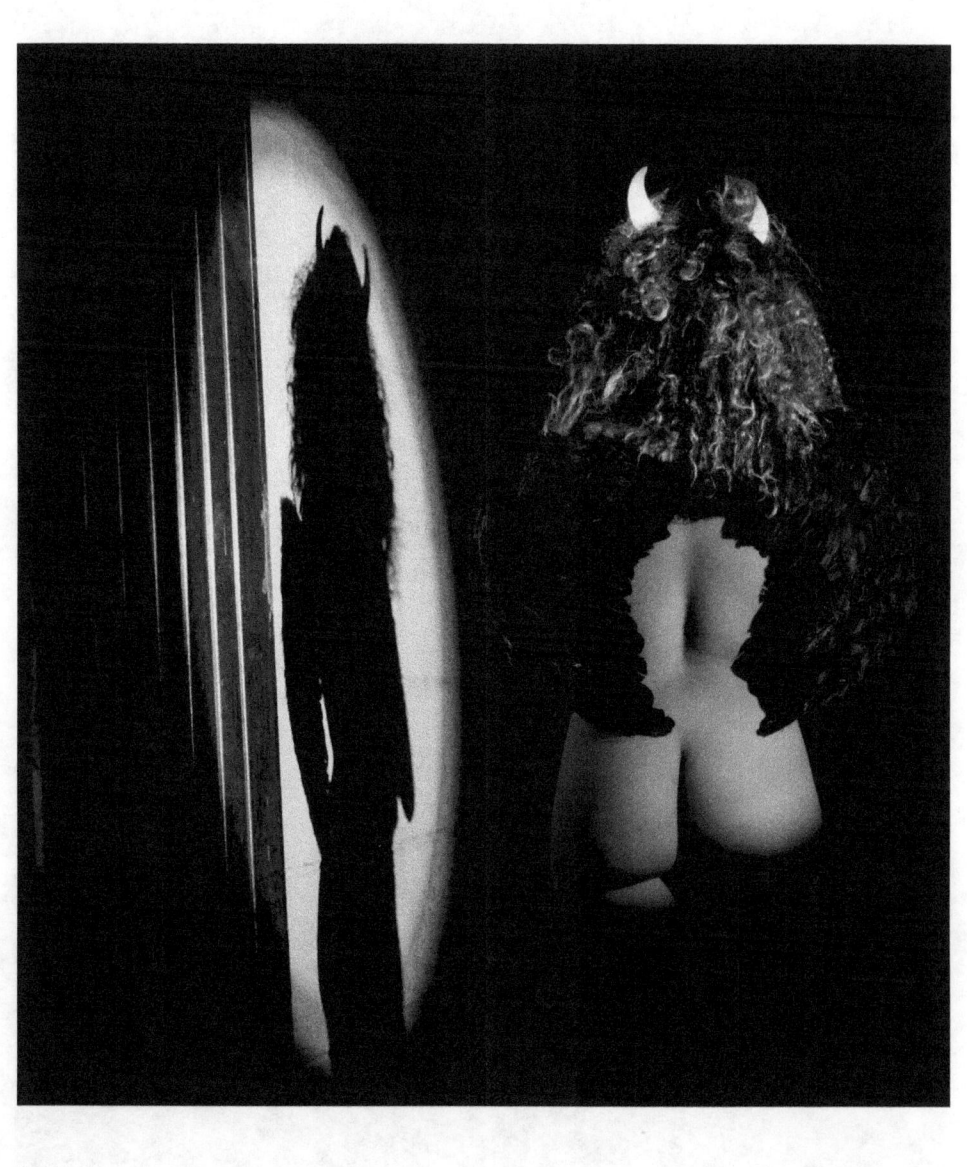

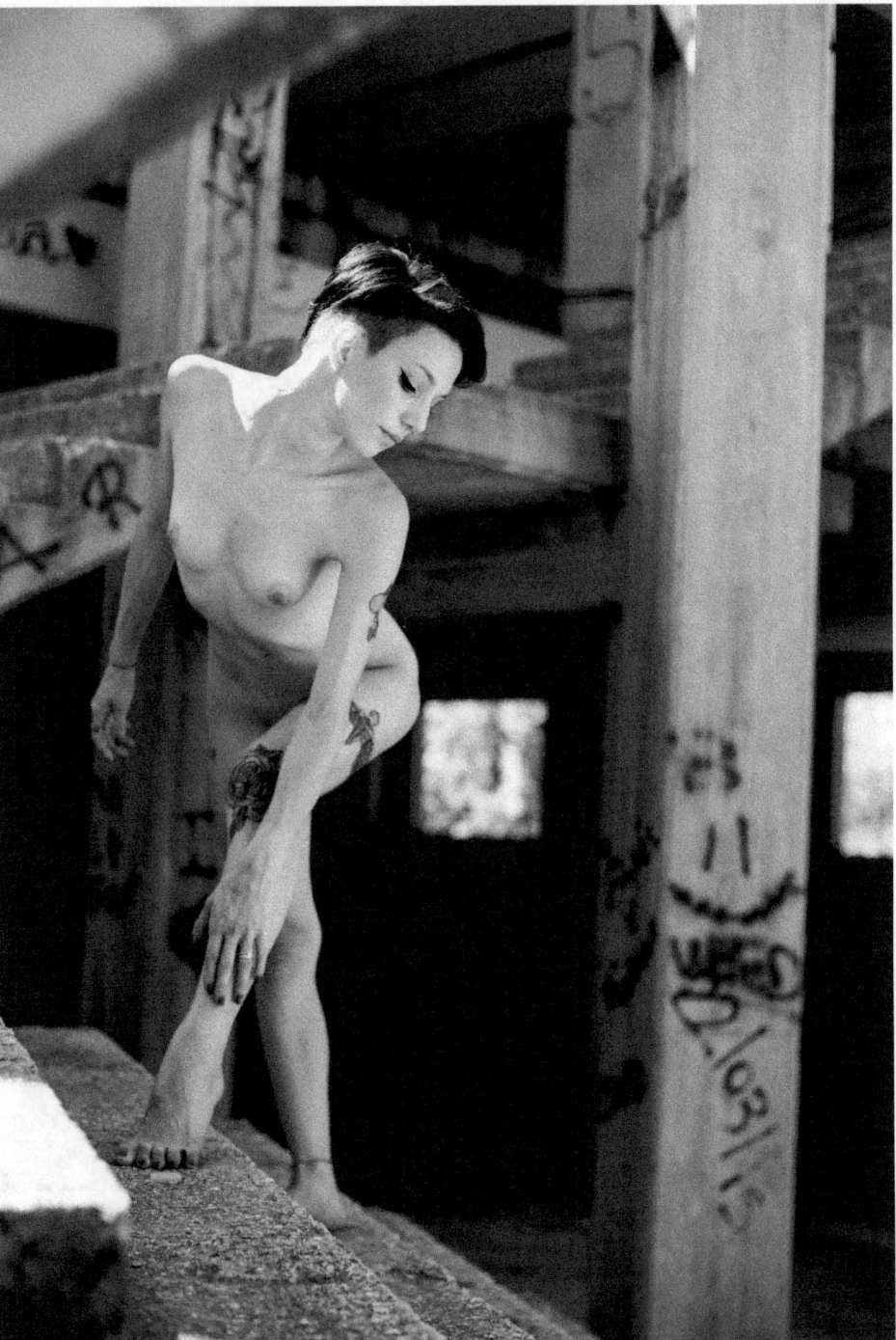

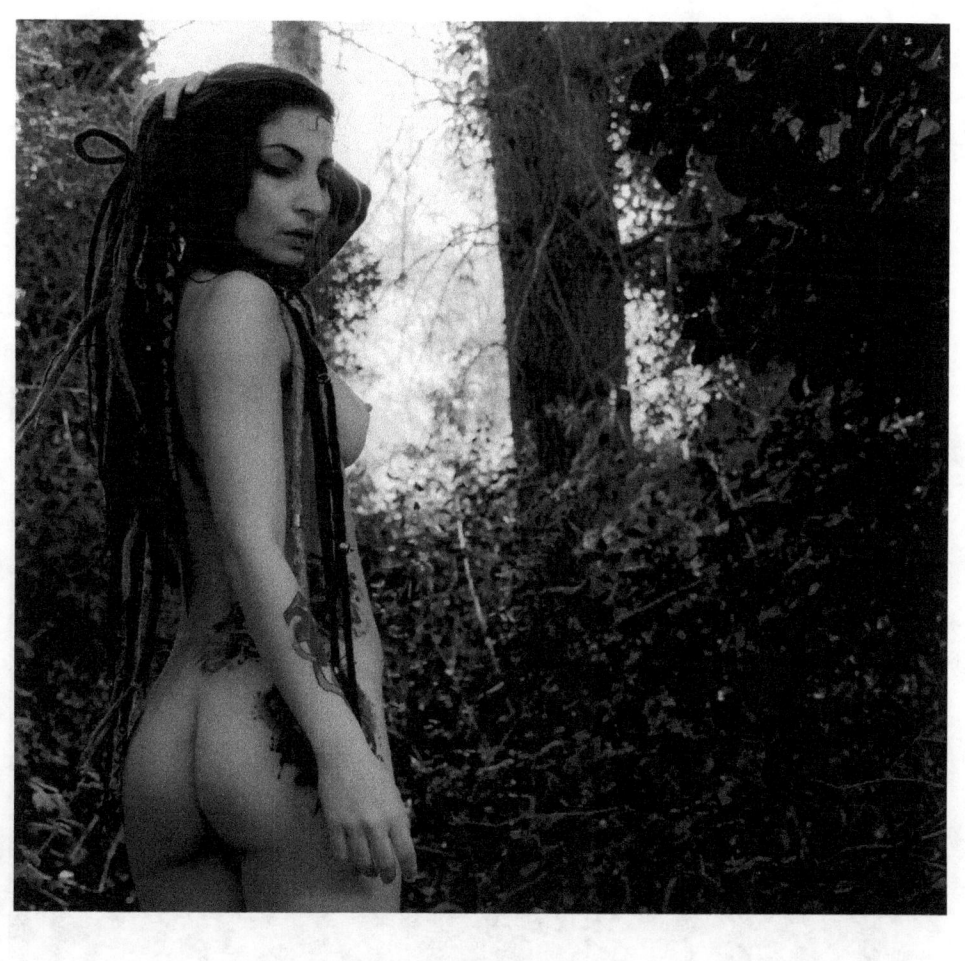

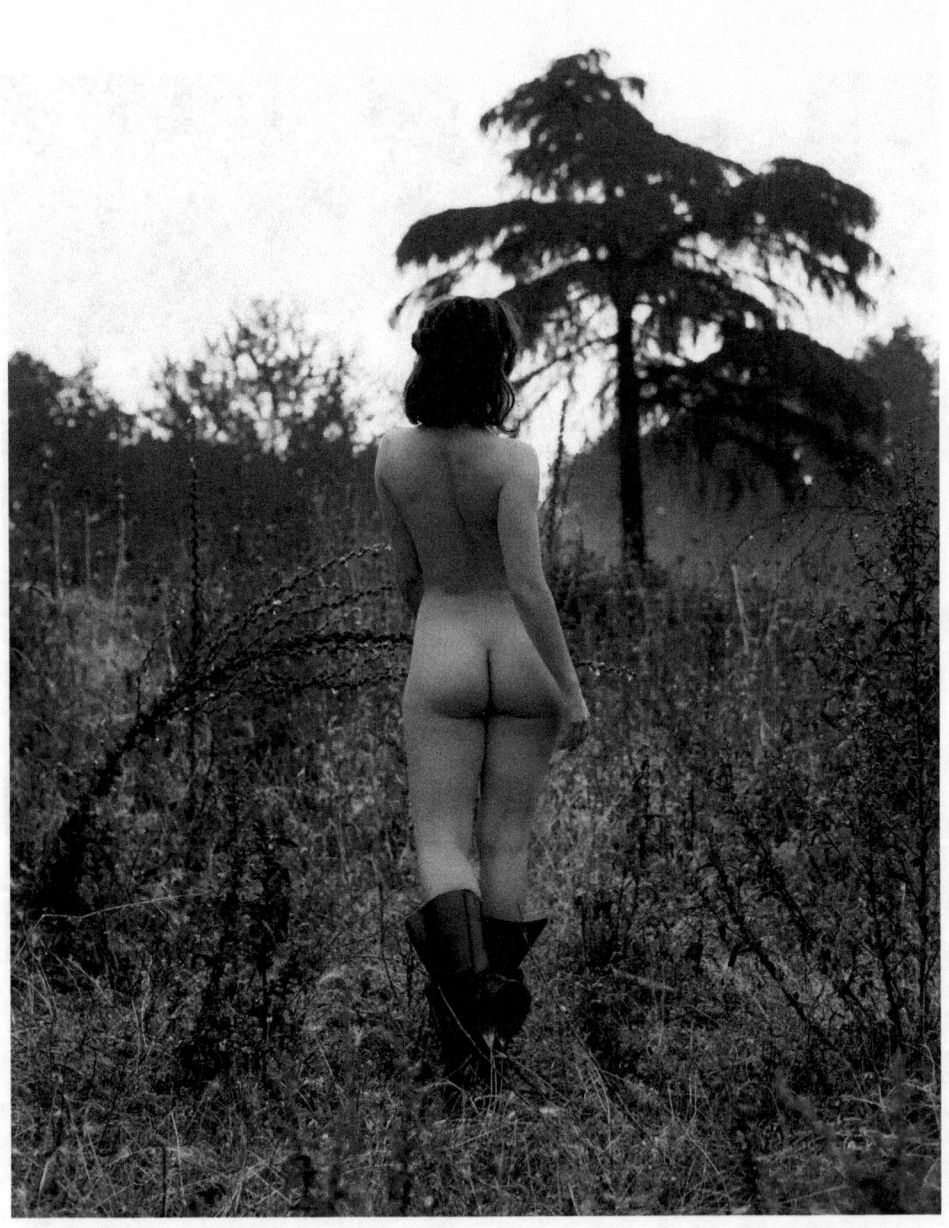

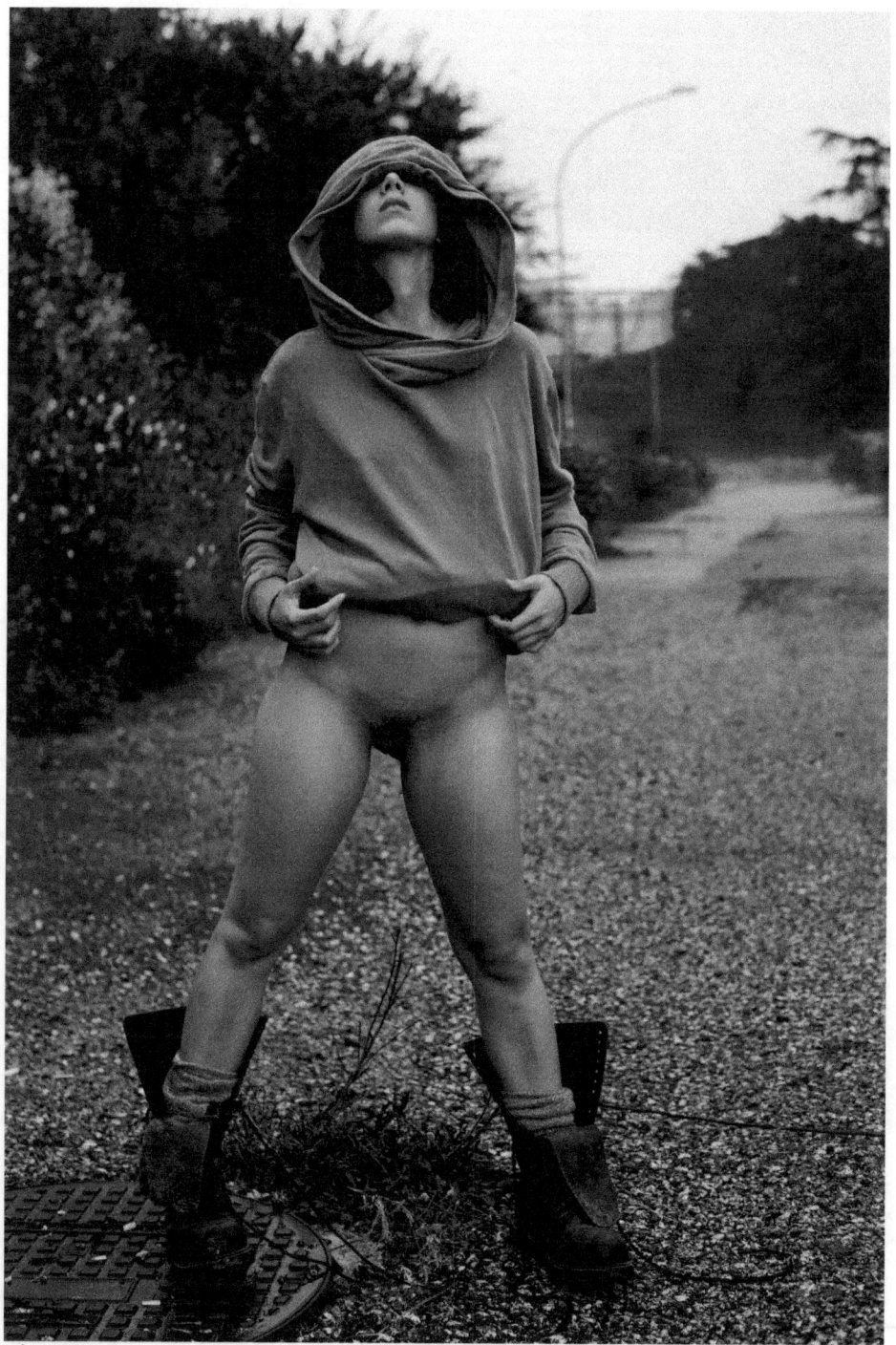

Il mio sogno più frequente è un mondo post apocalittico dal cielo arancione.
Così lo ricreo nel presente, ma senza colore e senza slip.

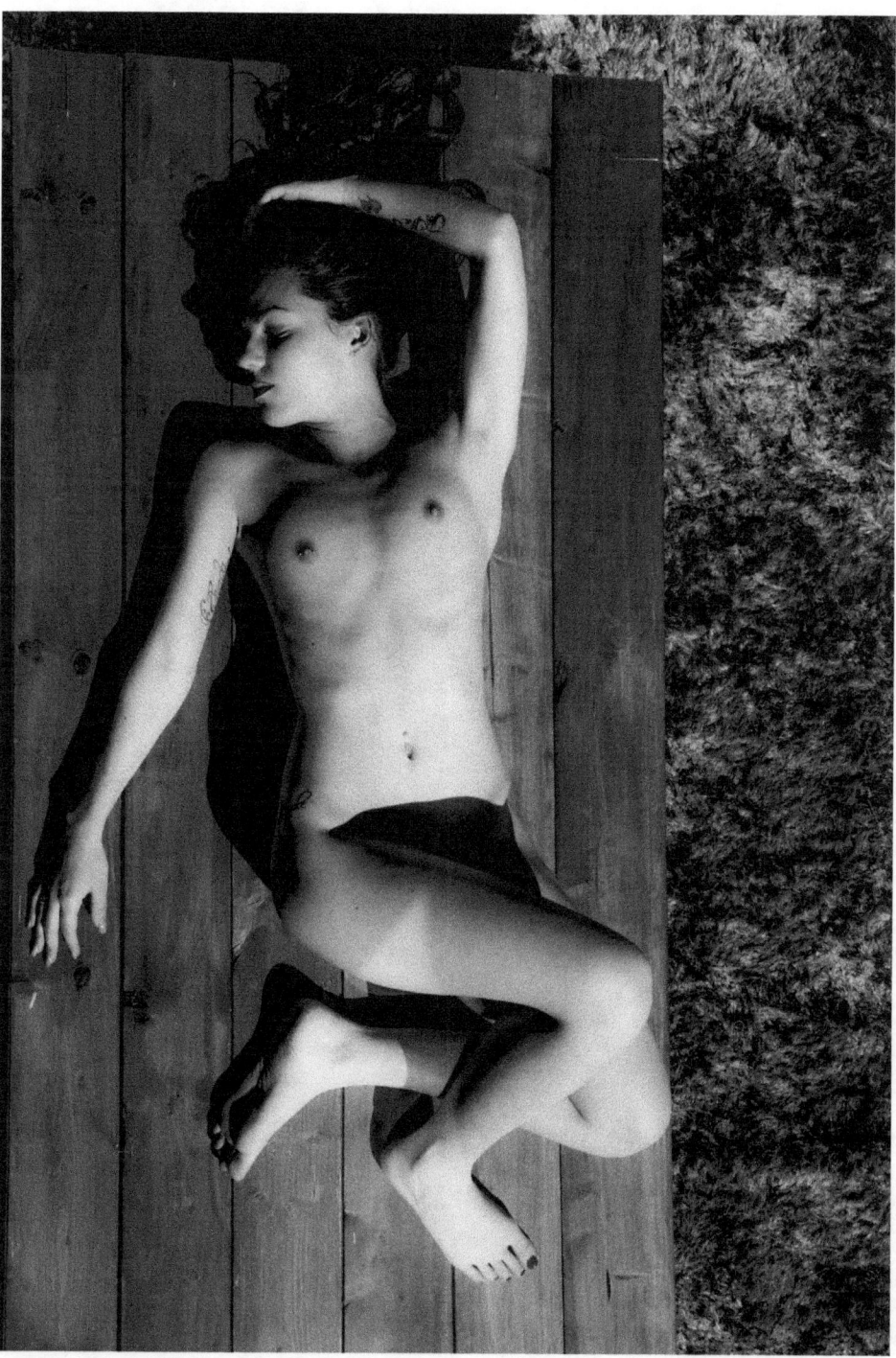

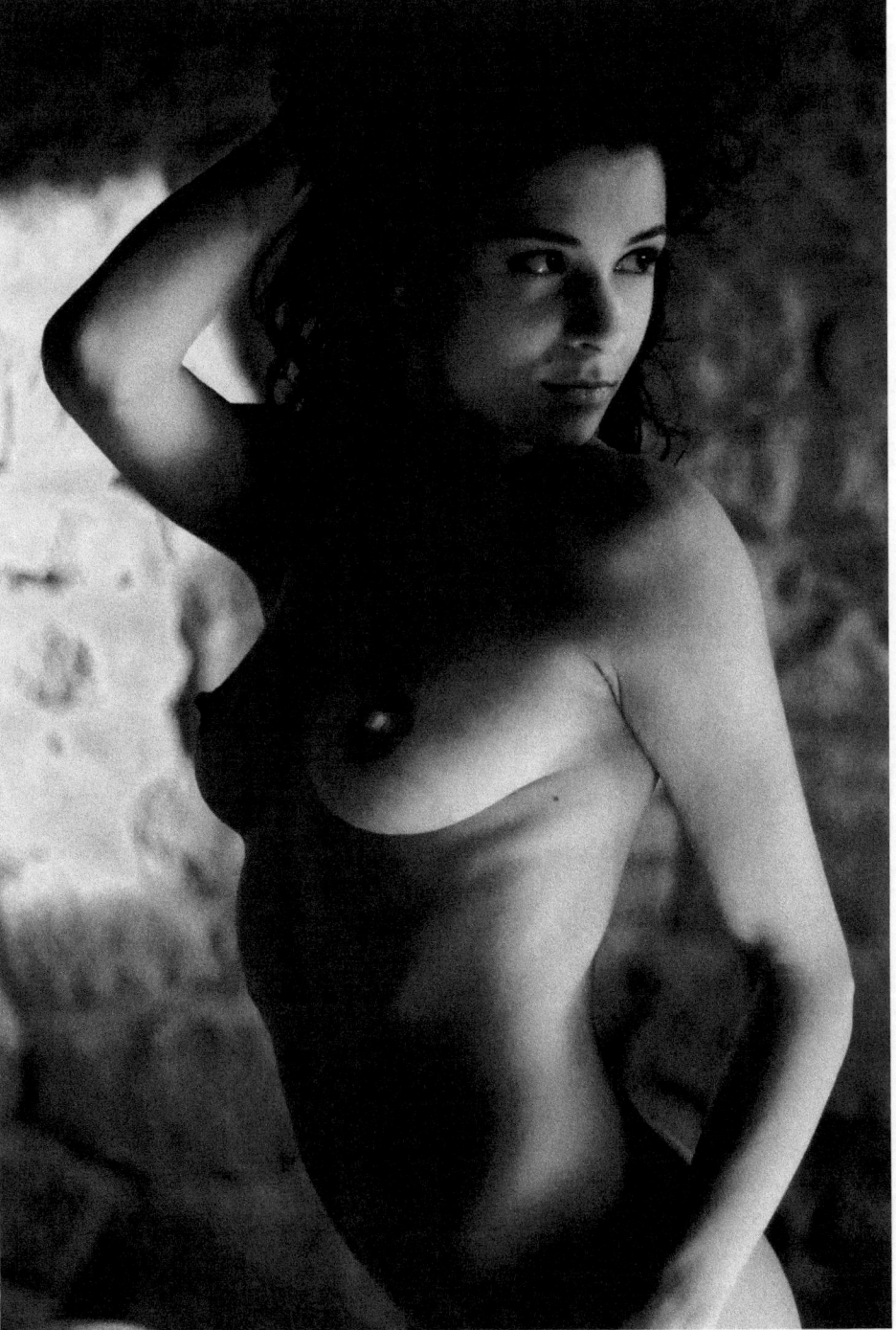

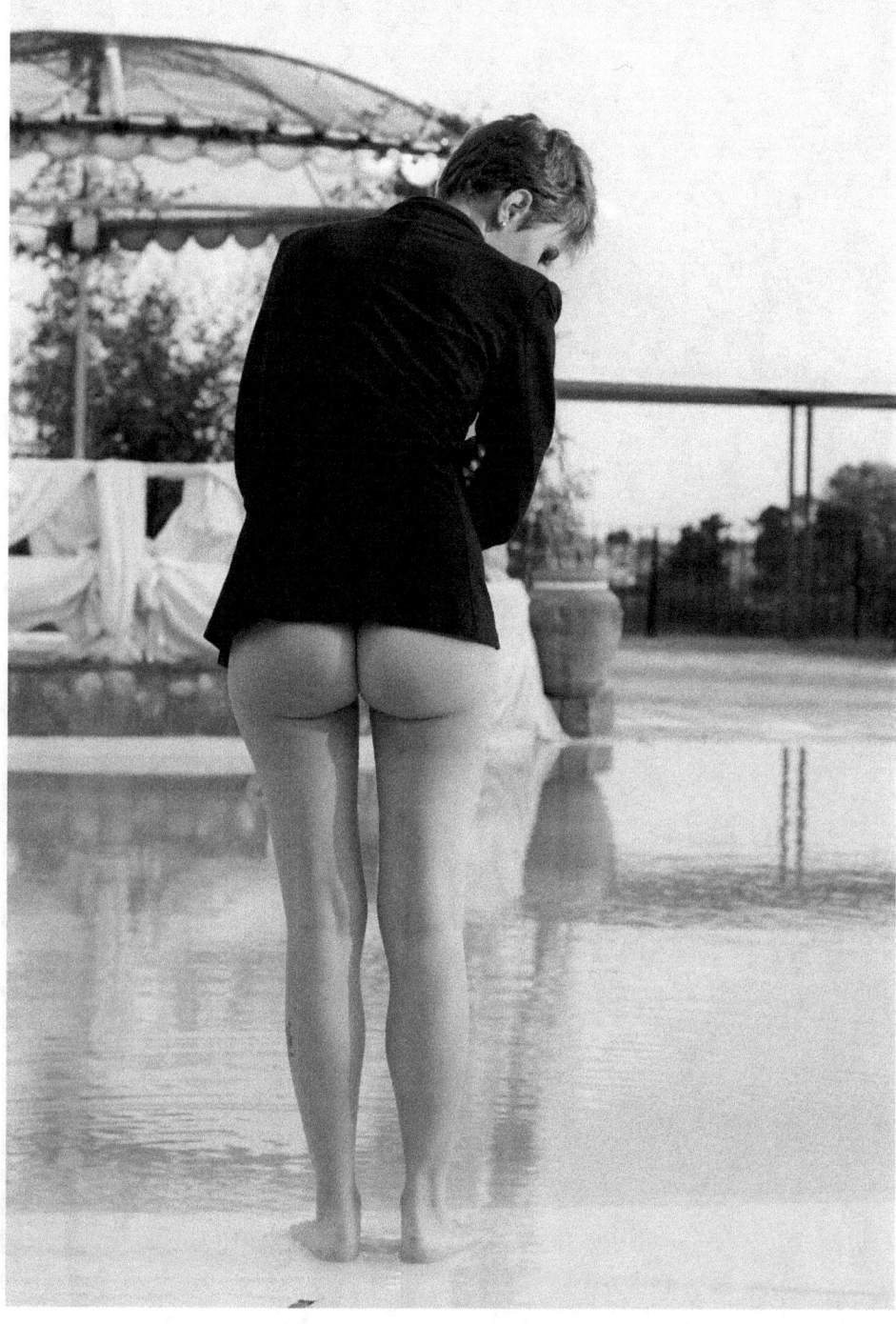

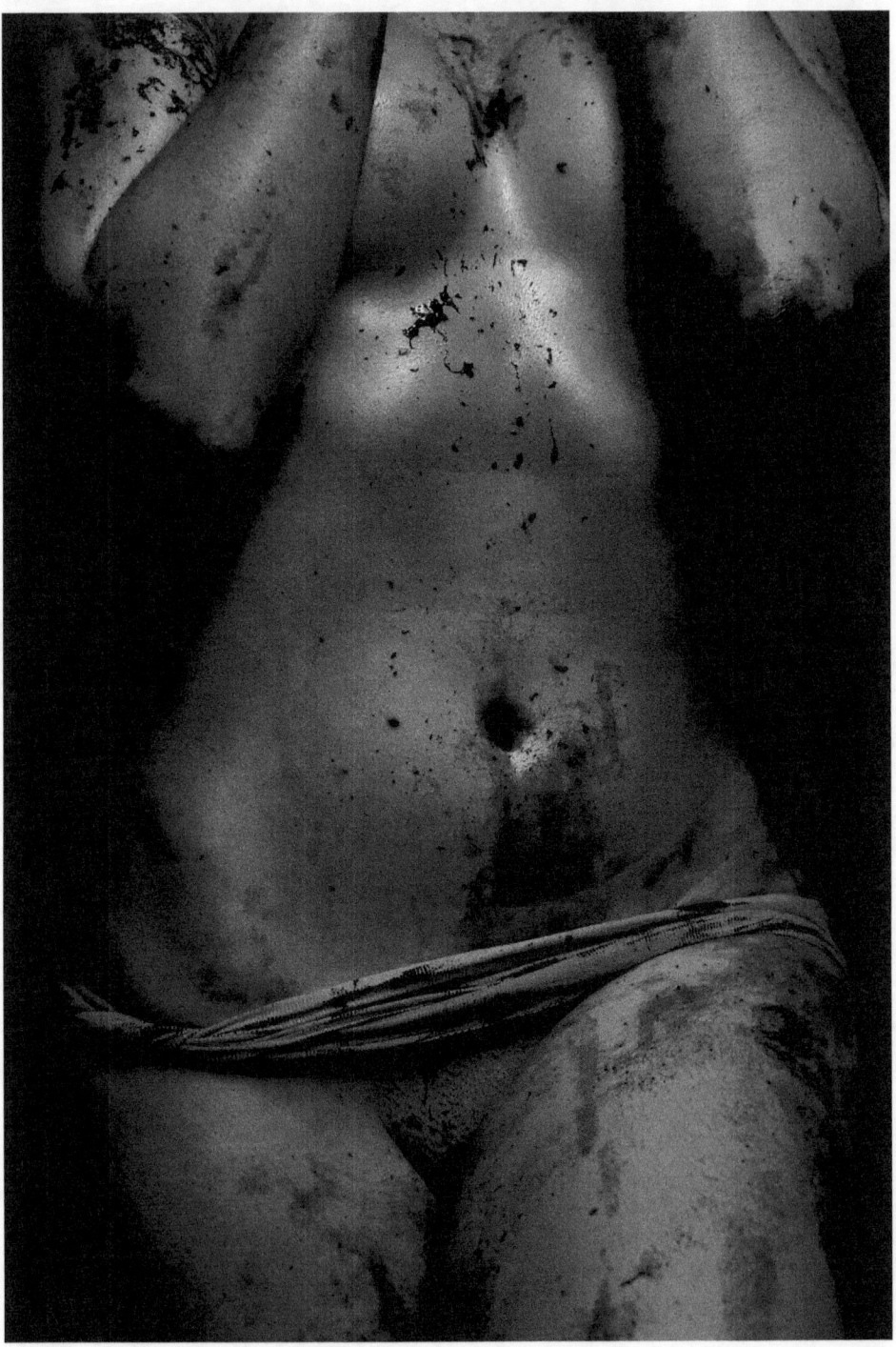

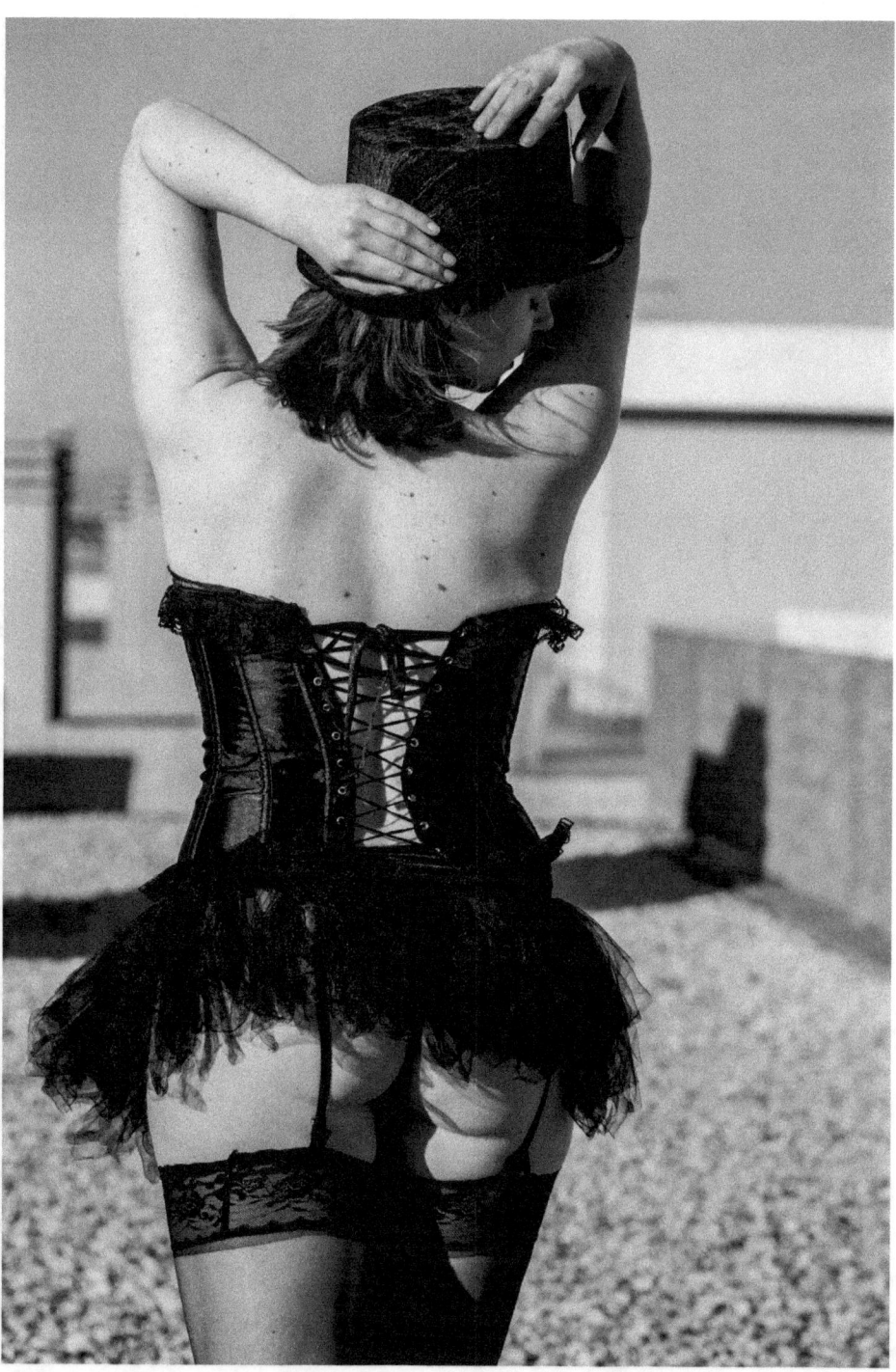

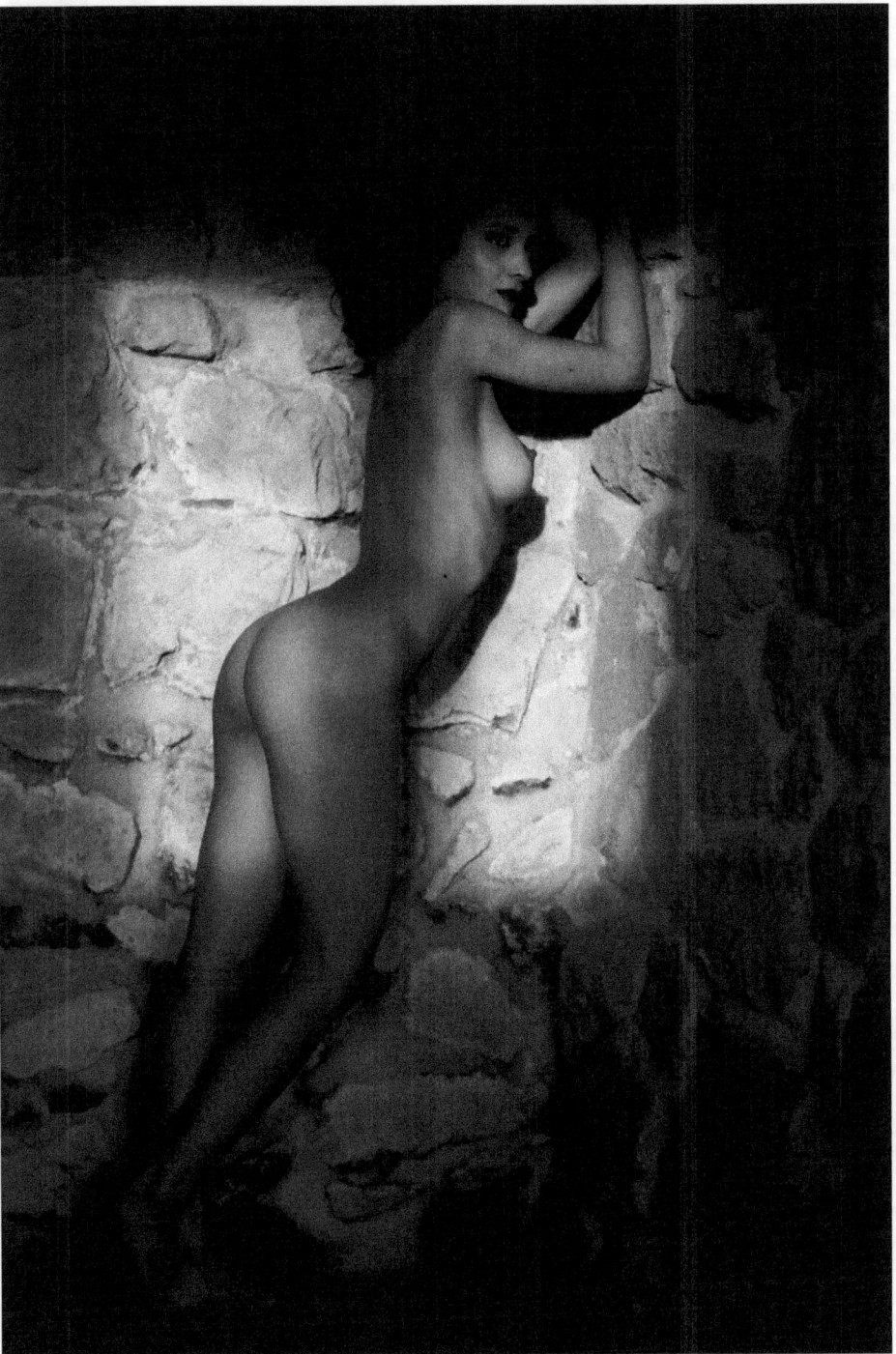

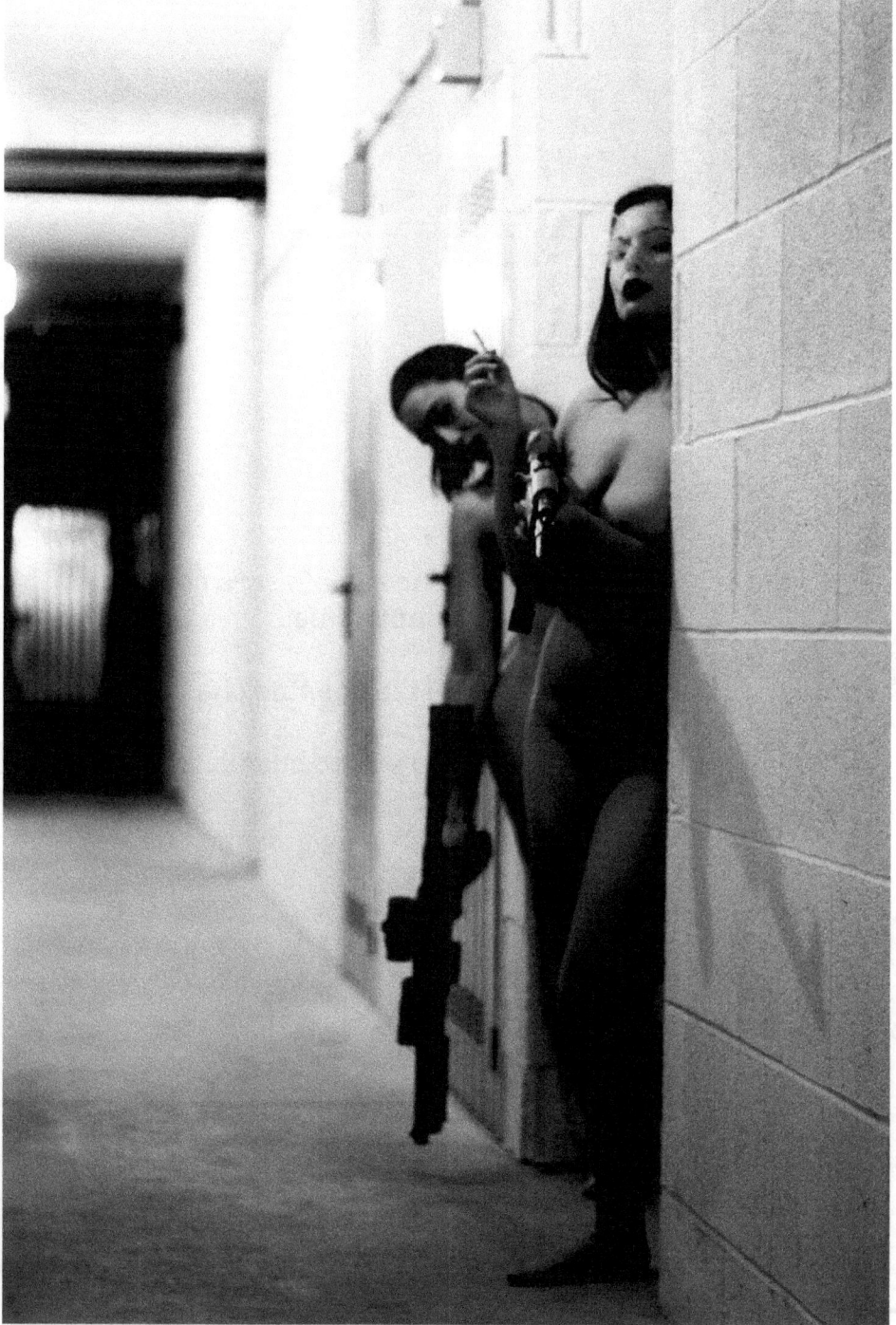

Il rapporto tra modella e fotografo sarà sempre
di natura conflittuale:

Lui amerà sempre l'immagine che
ha creato di lei,
e lei amerà sempre lo scatto sbagliato.

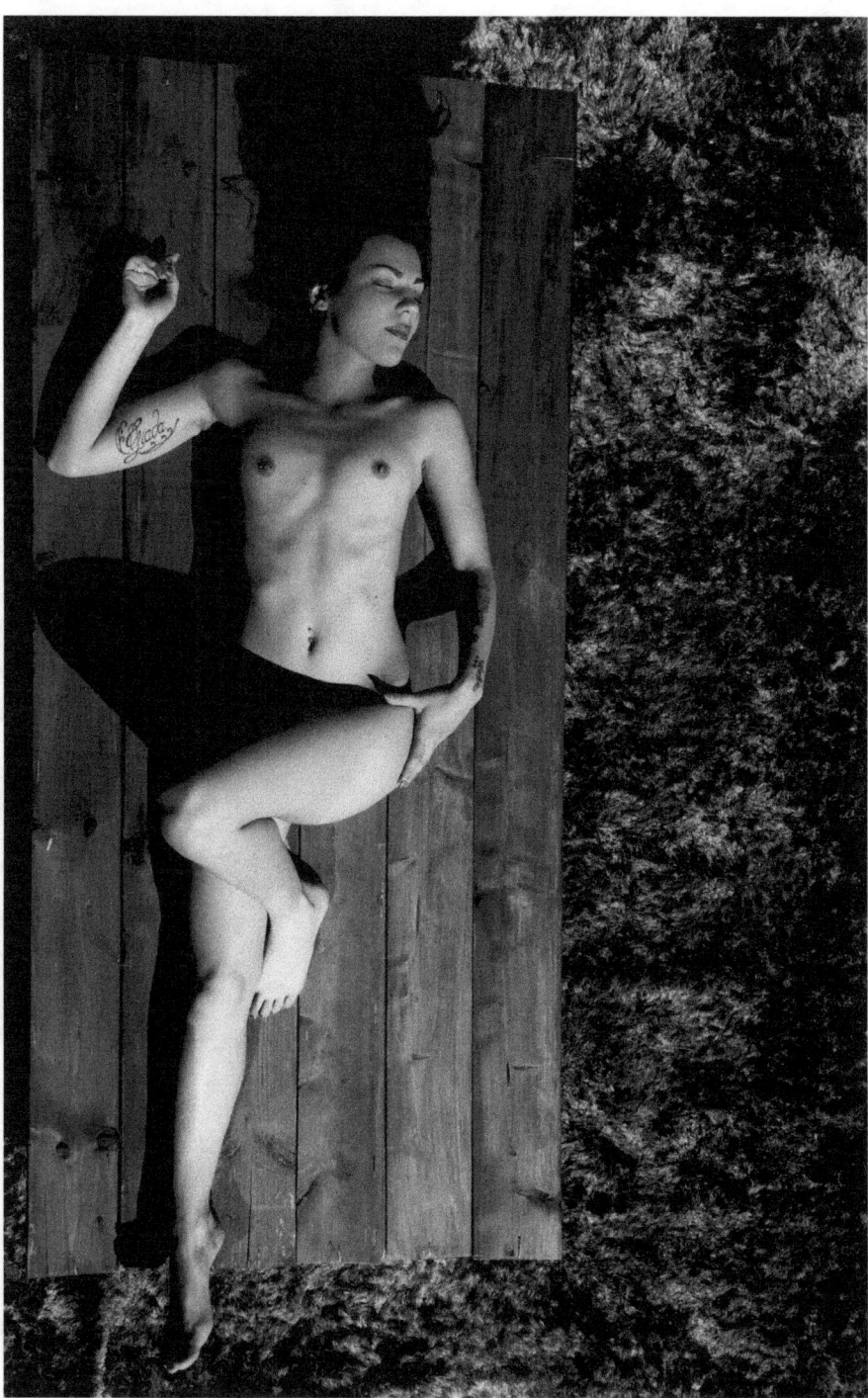

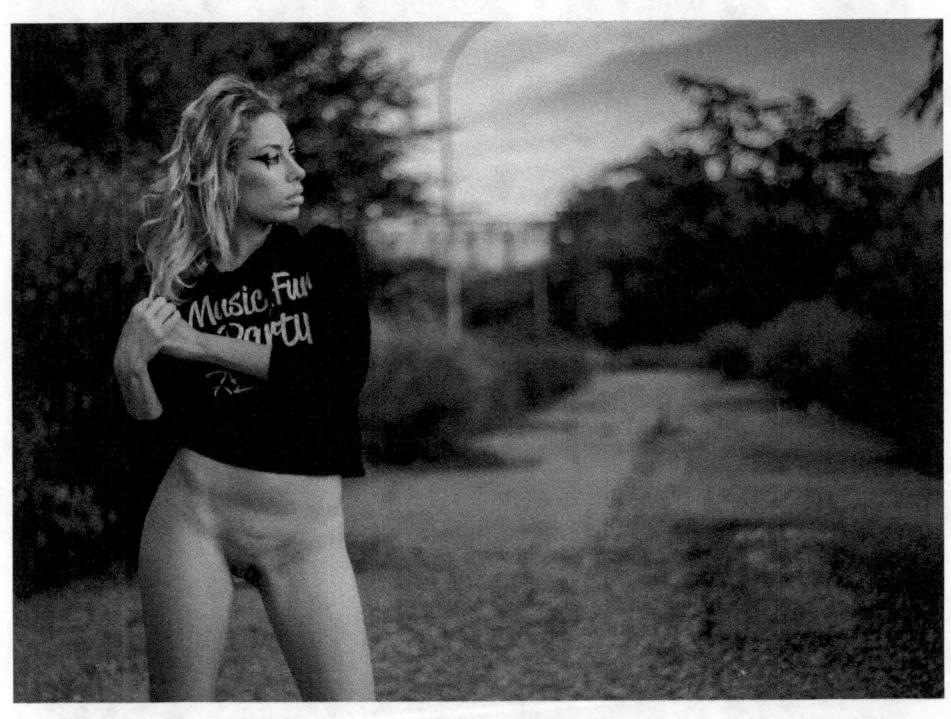

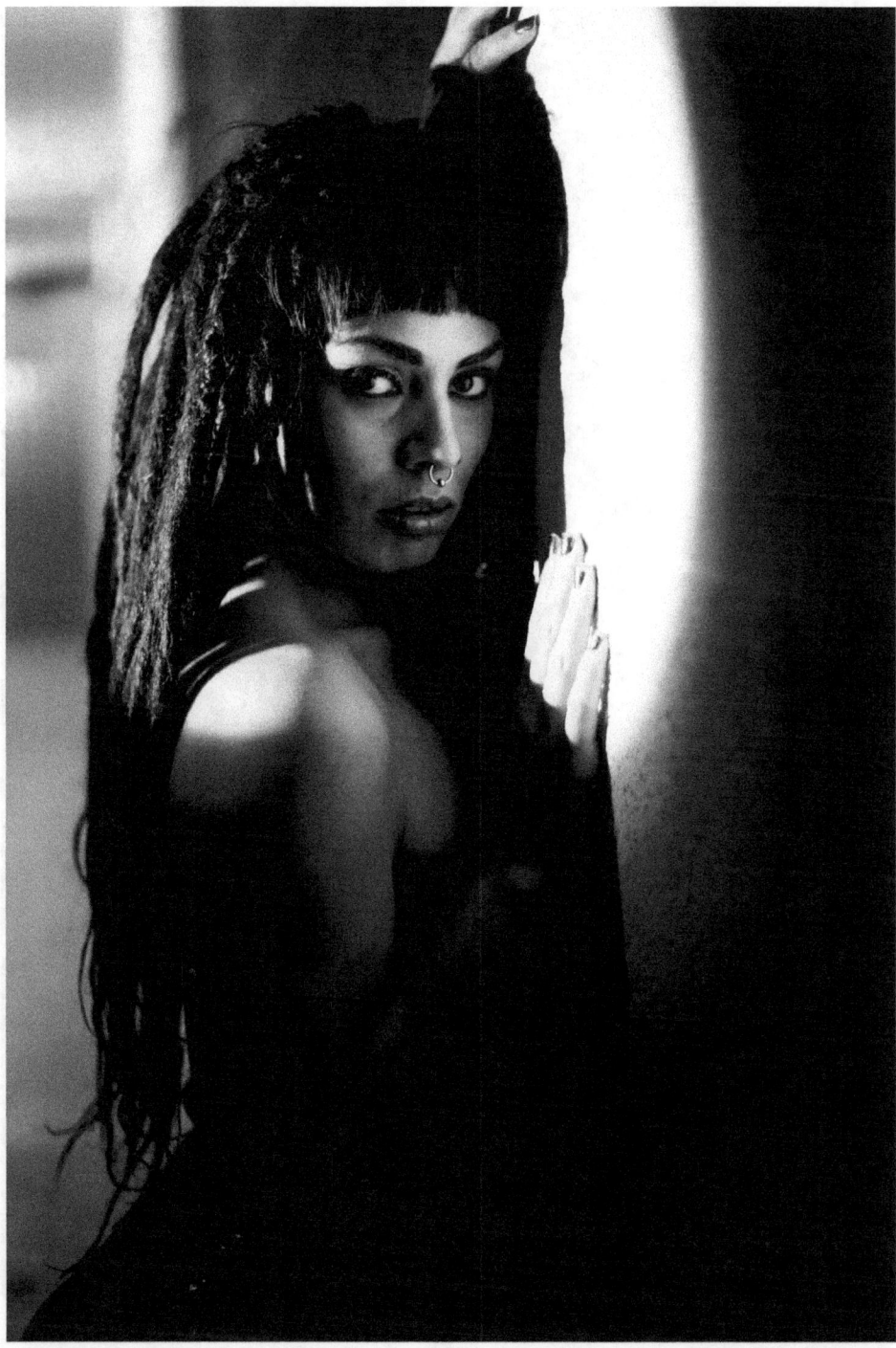

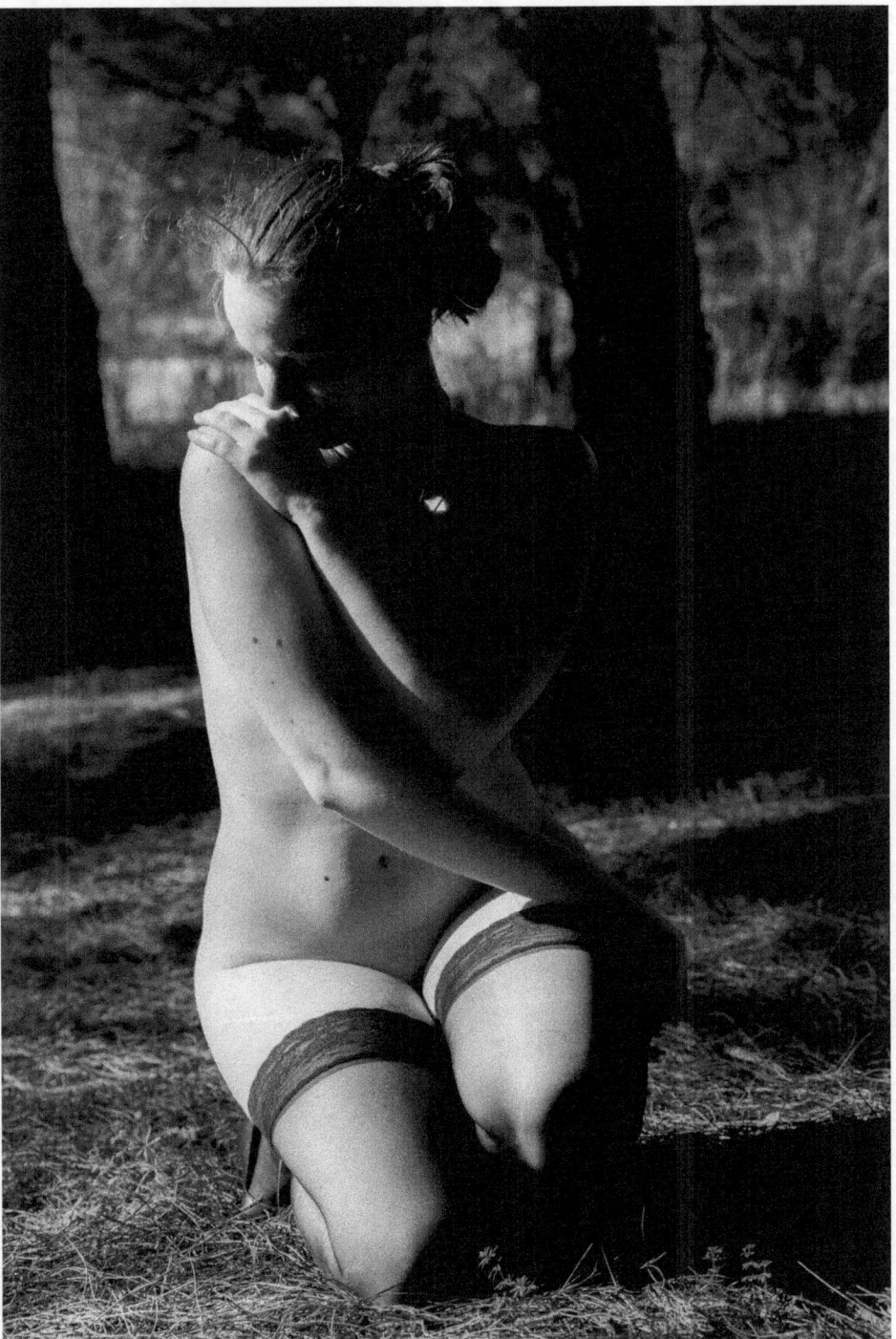

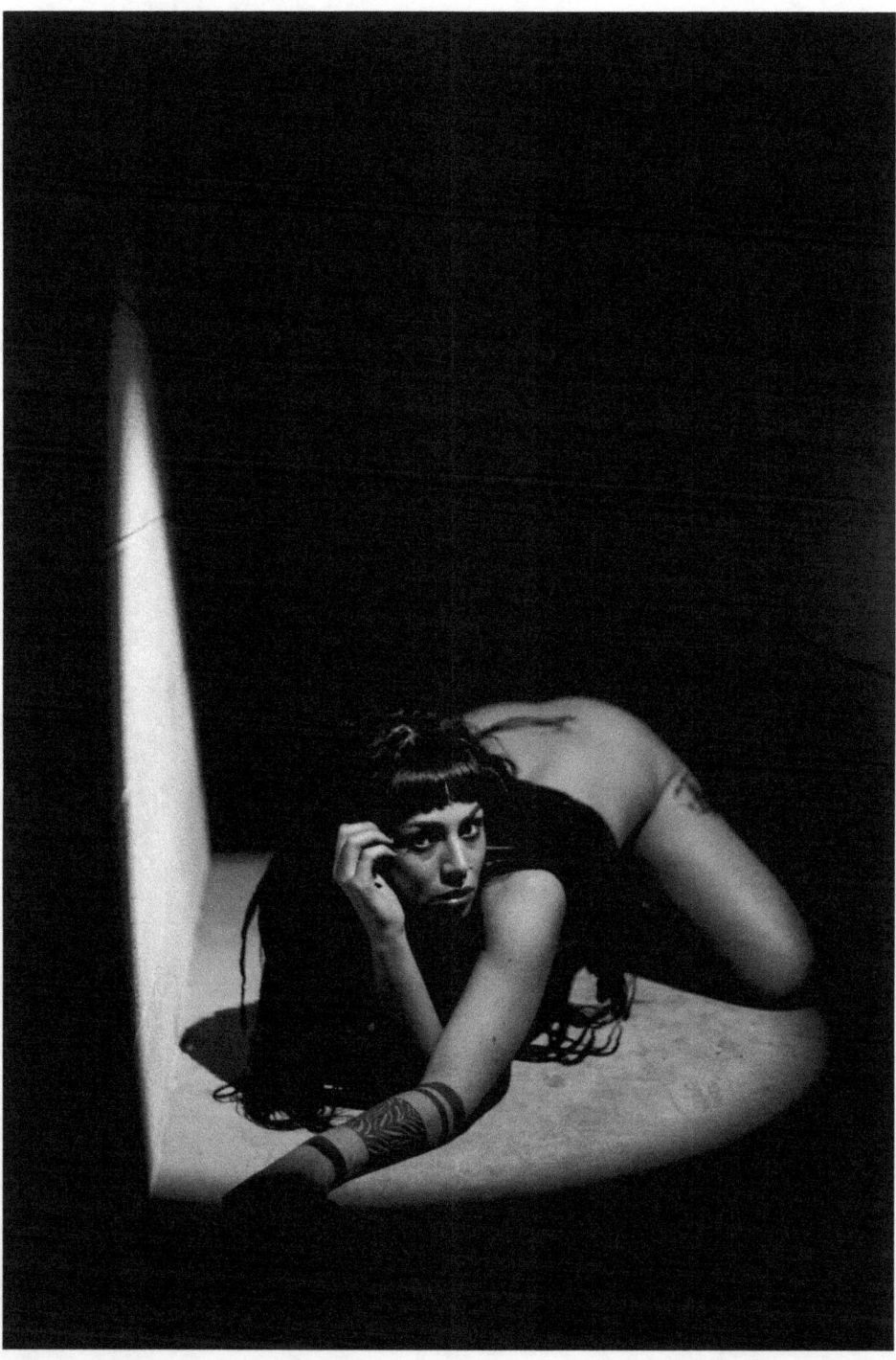

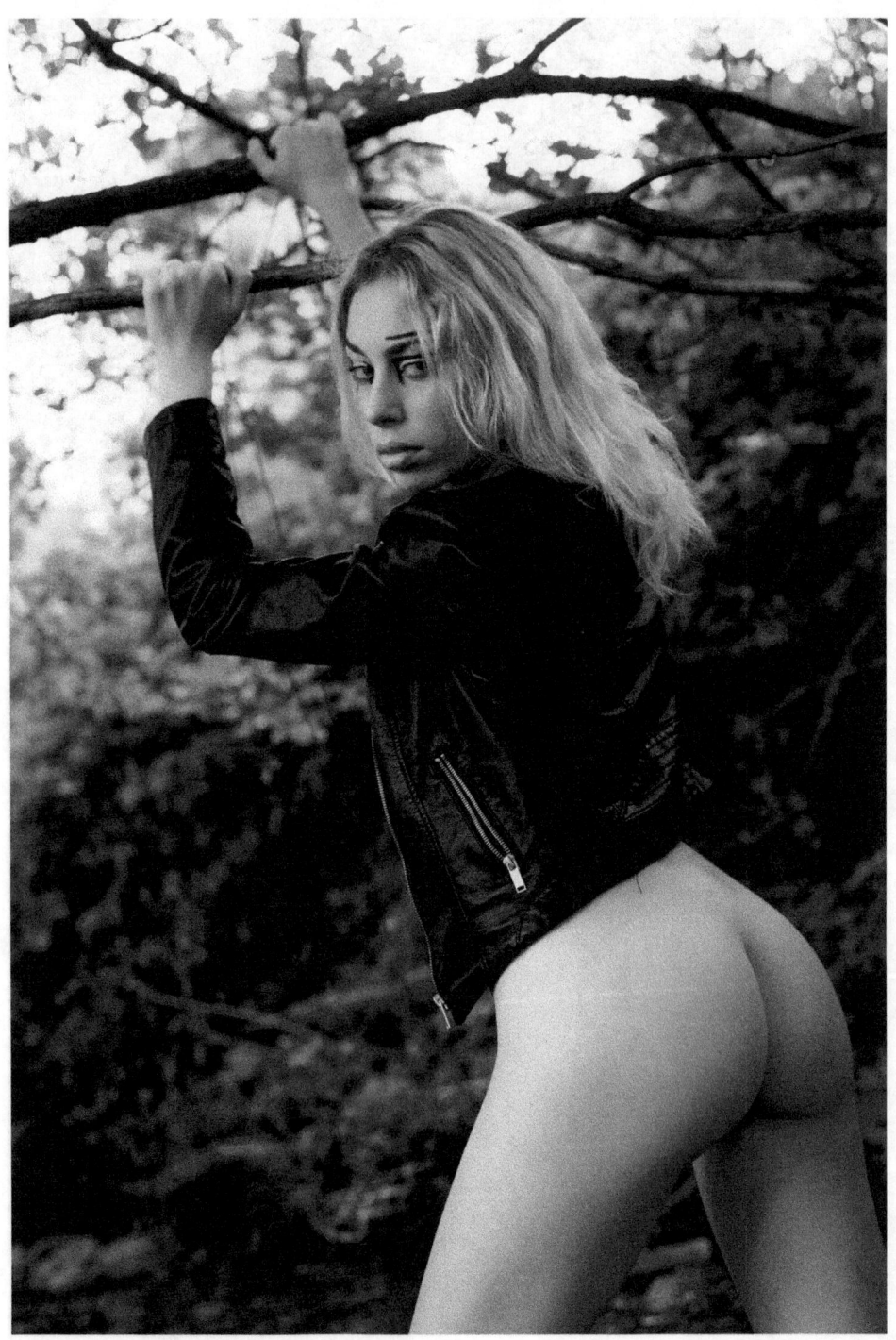

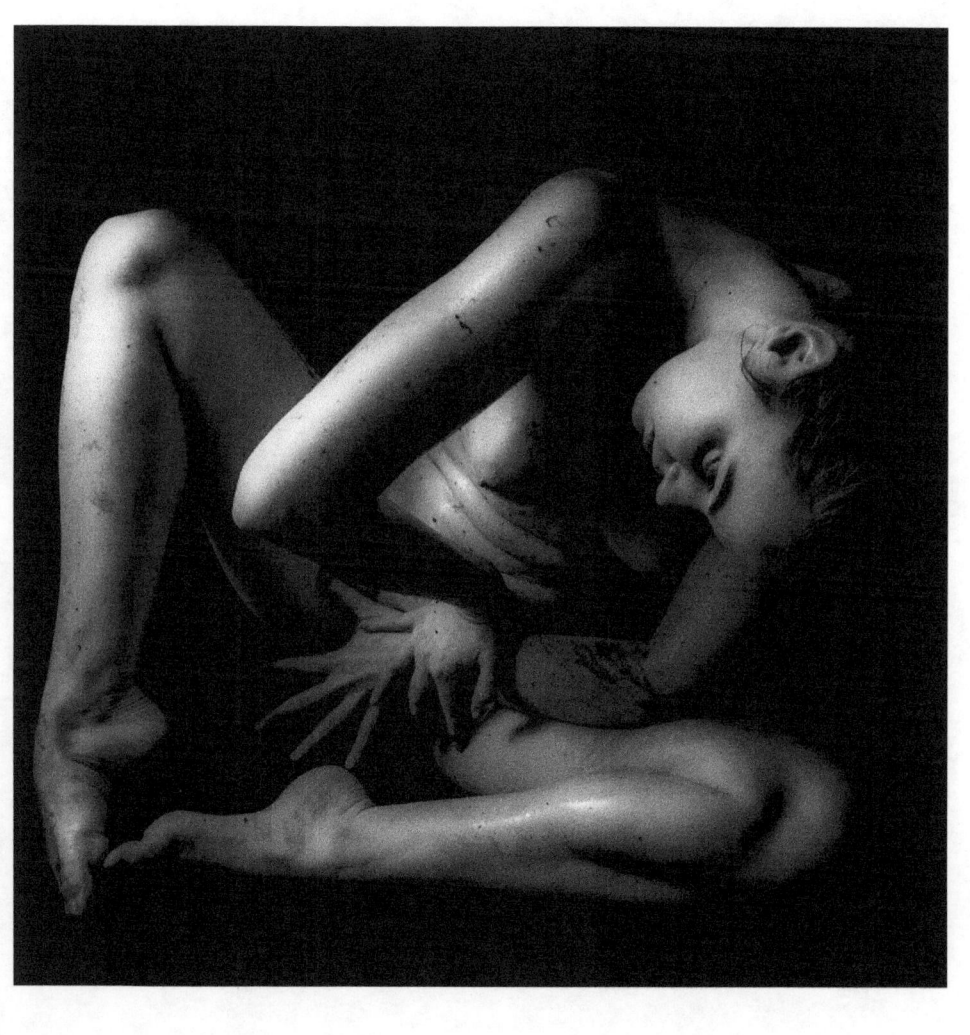

In fotografia non ci sono compromessi.
O è contento il fotografo, o la modella.

Se dicono di esserlo entrambi,
uno dei due è troppo gentile.

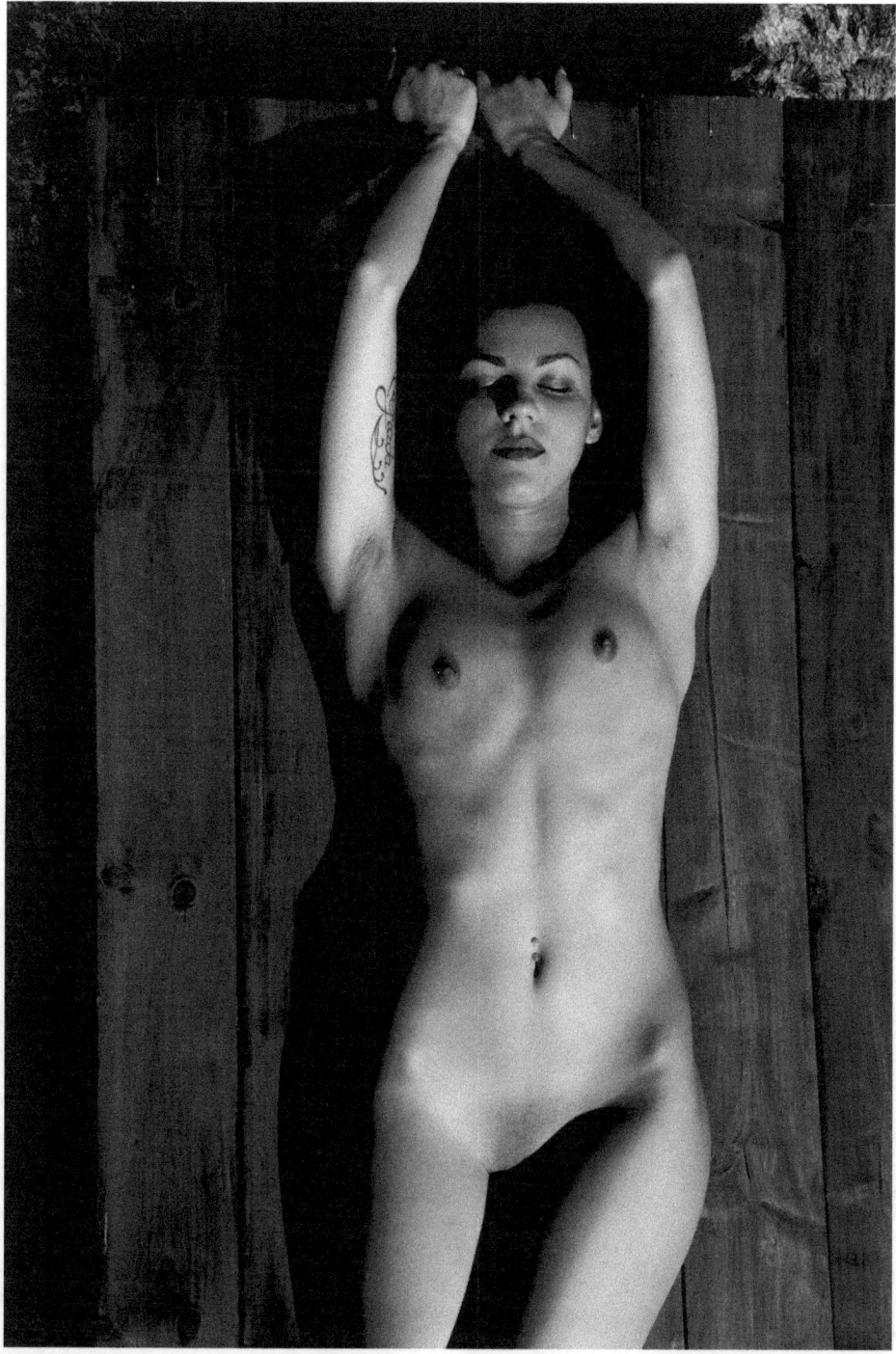

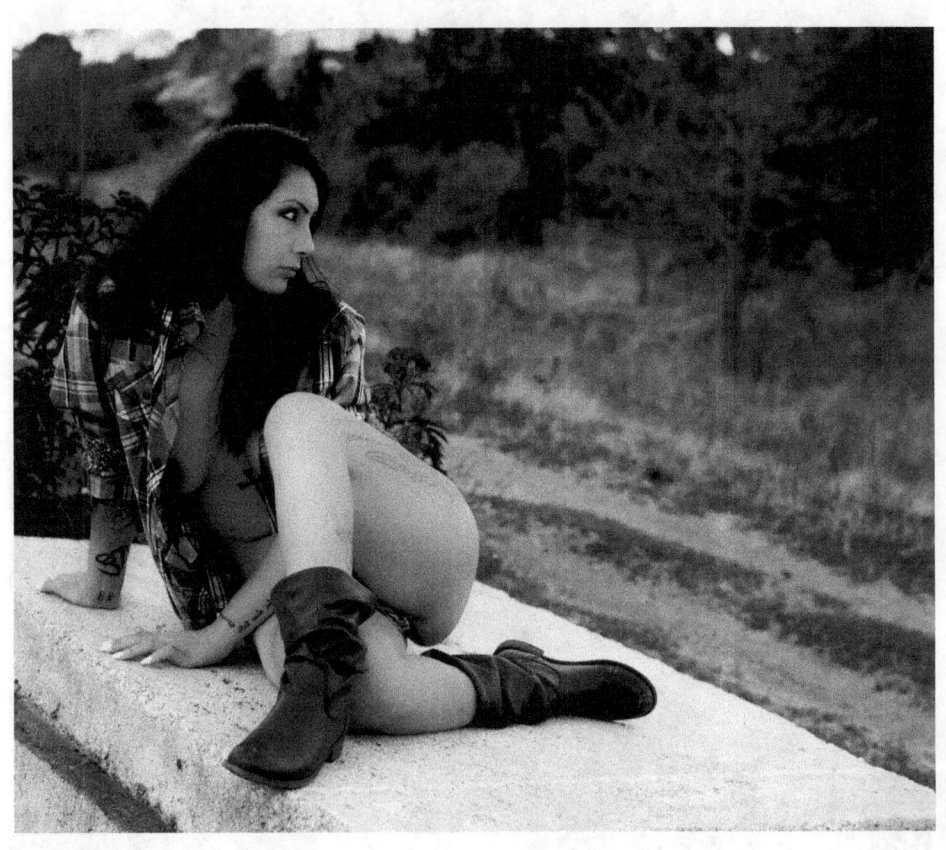

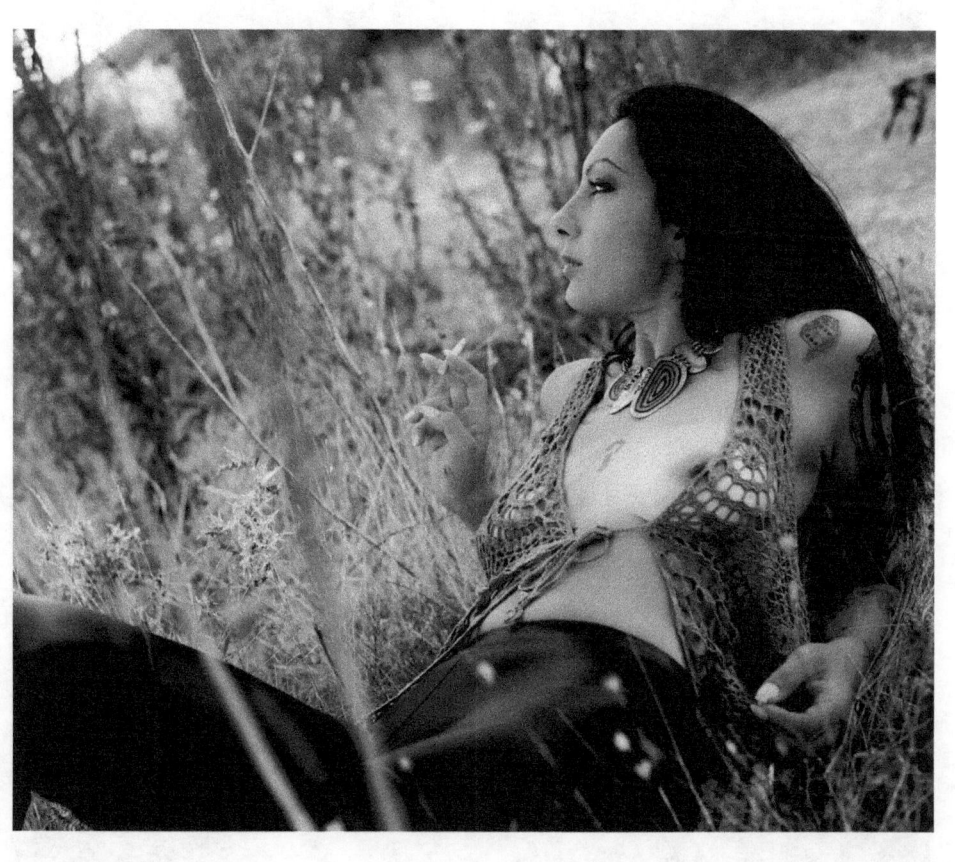

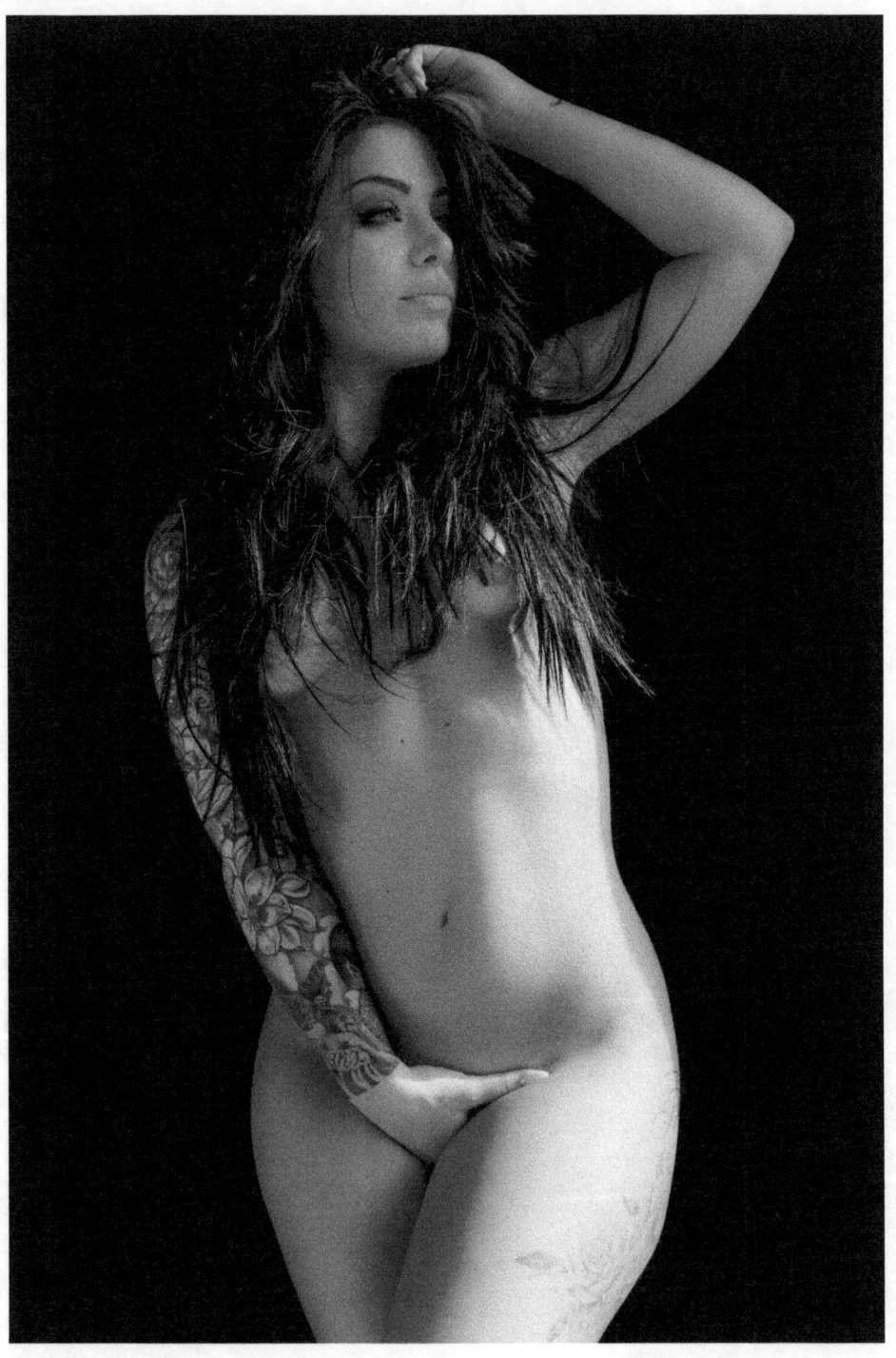

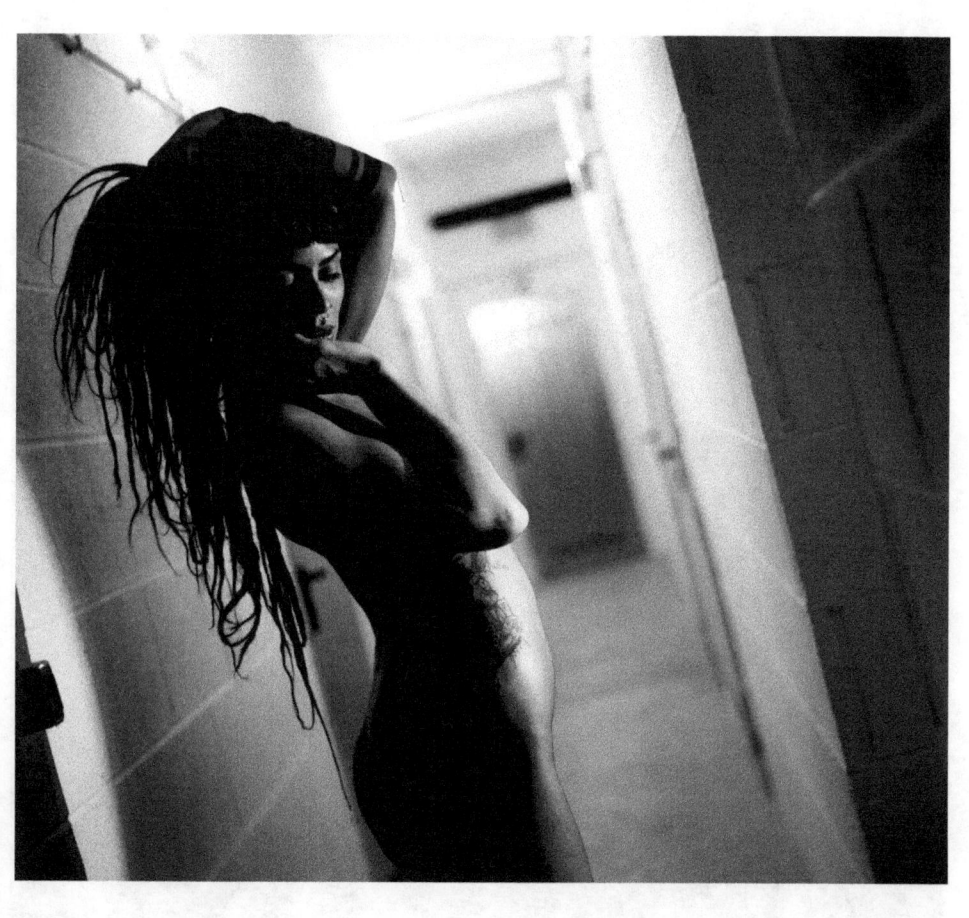

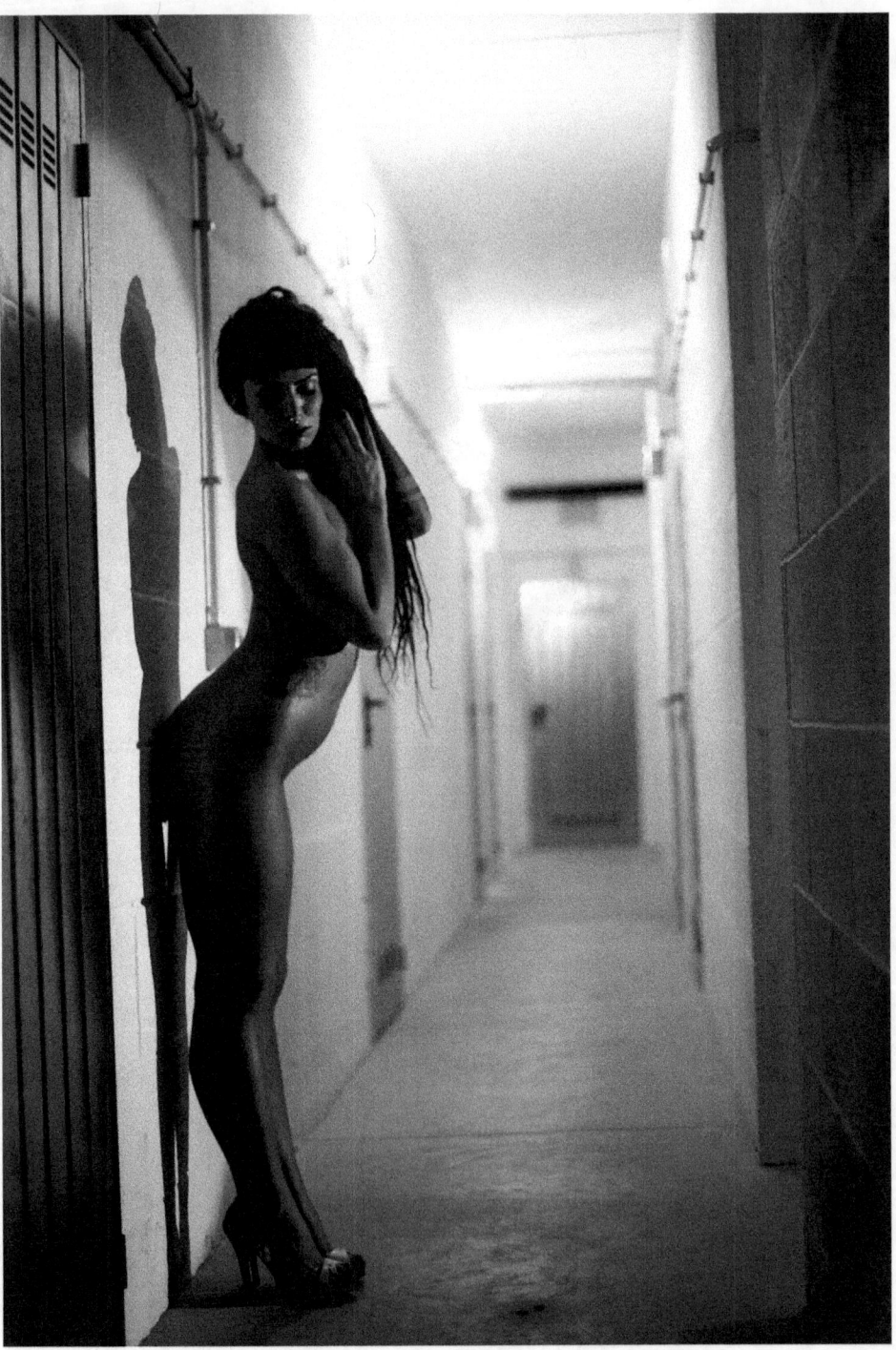

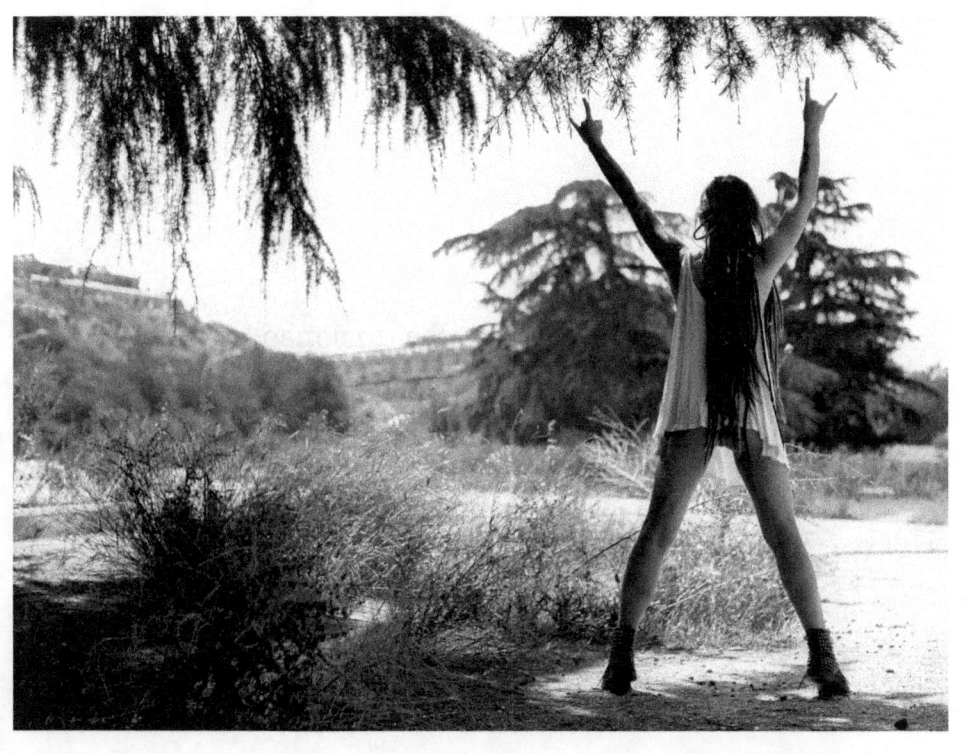

Perchè deve sempre avere un senso logico?
Non può solo essere una bella foto?

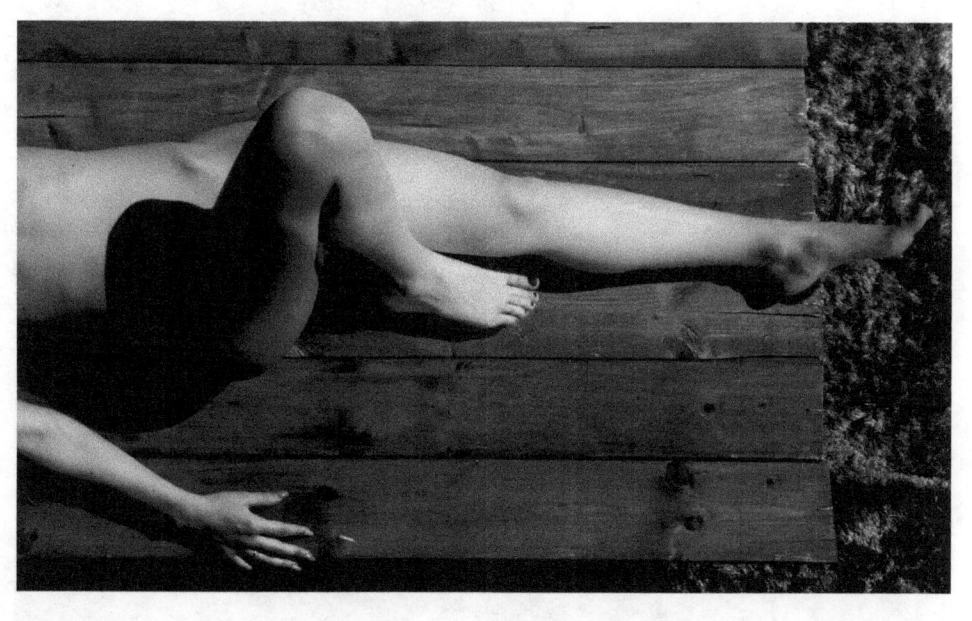

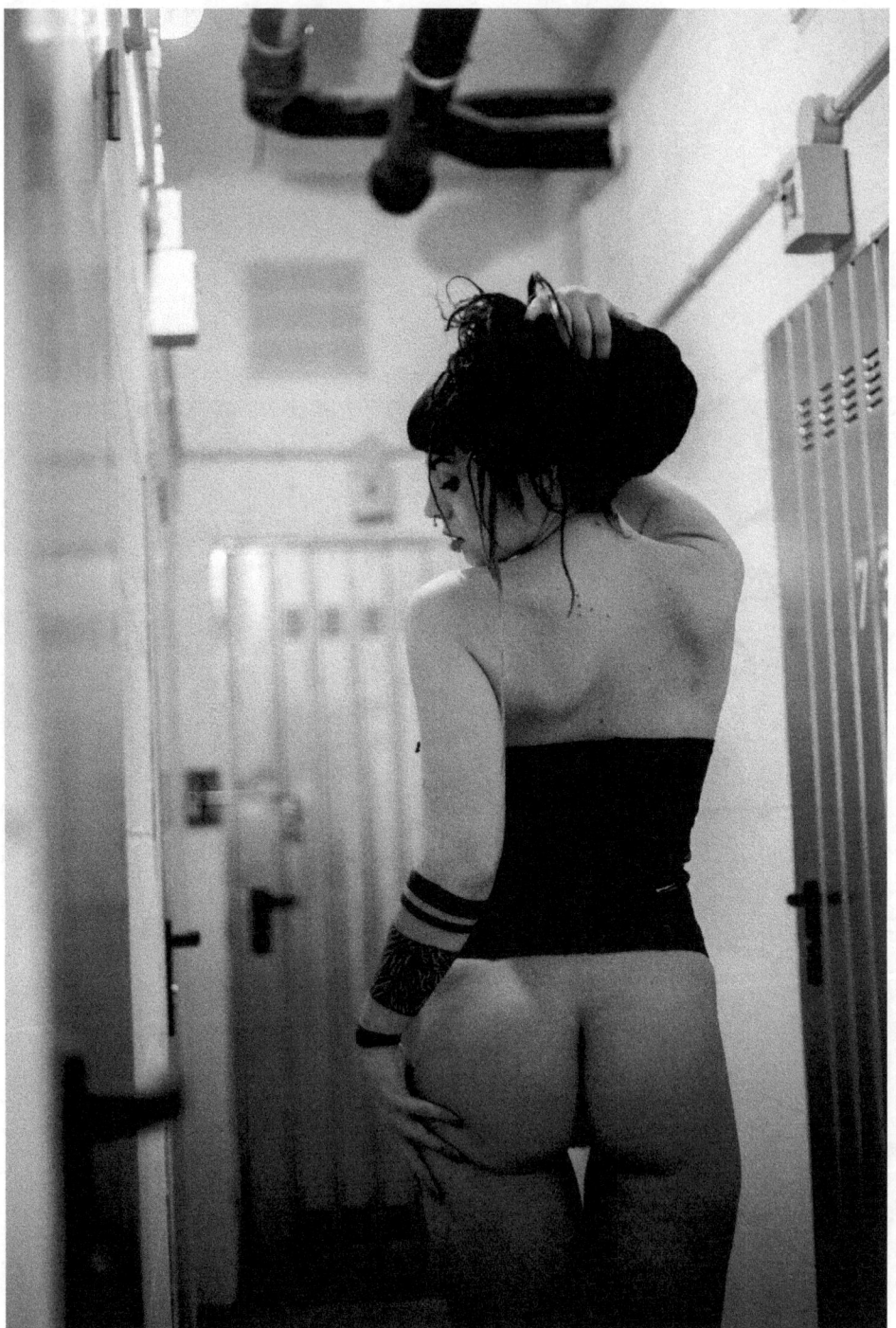

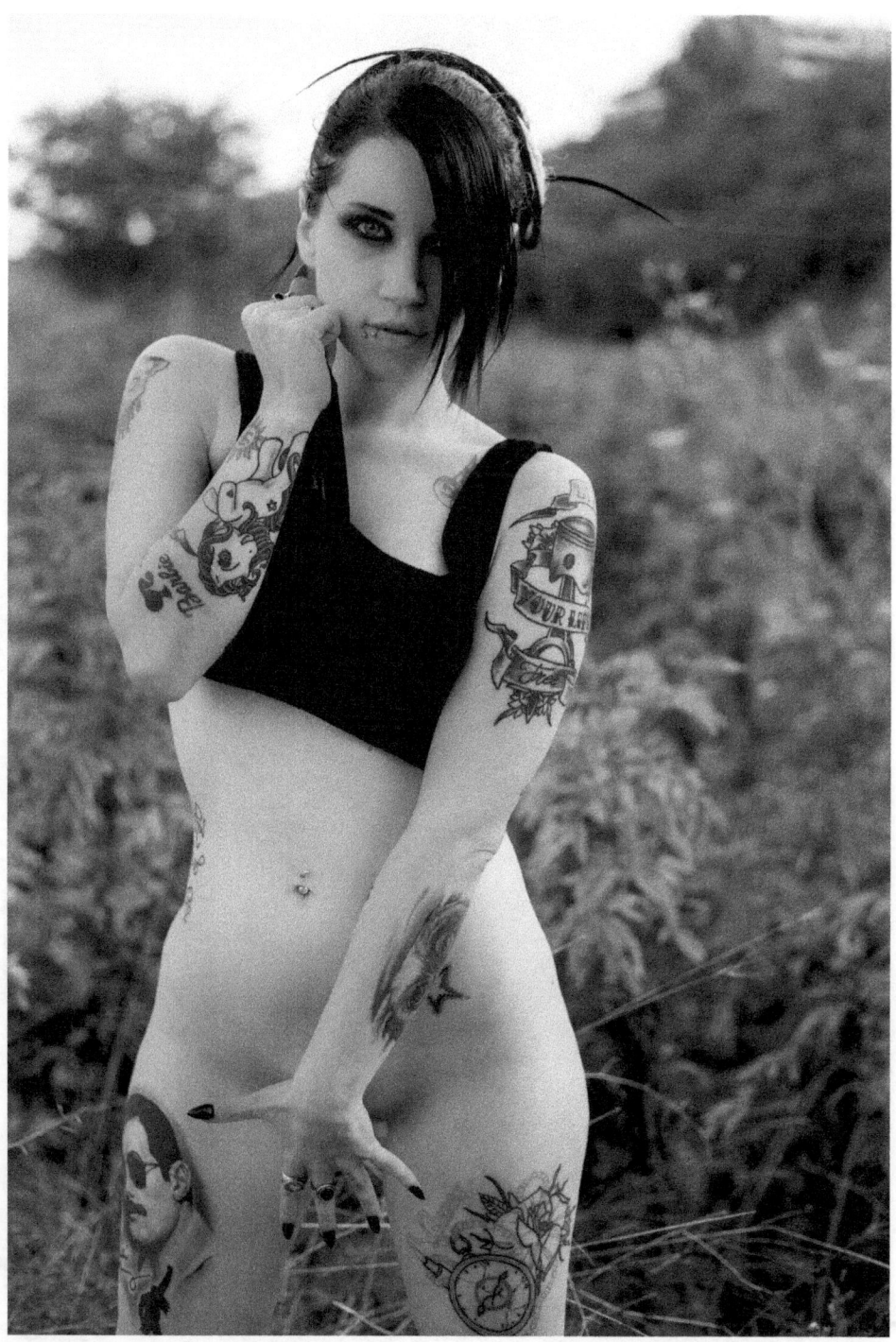

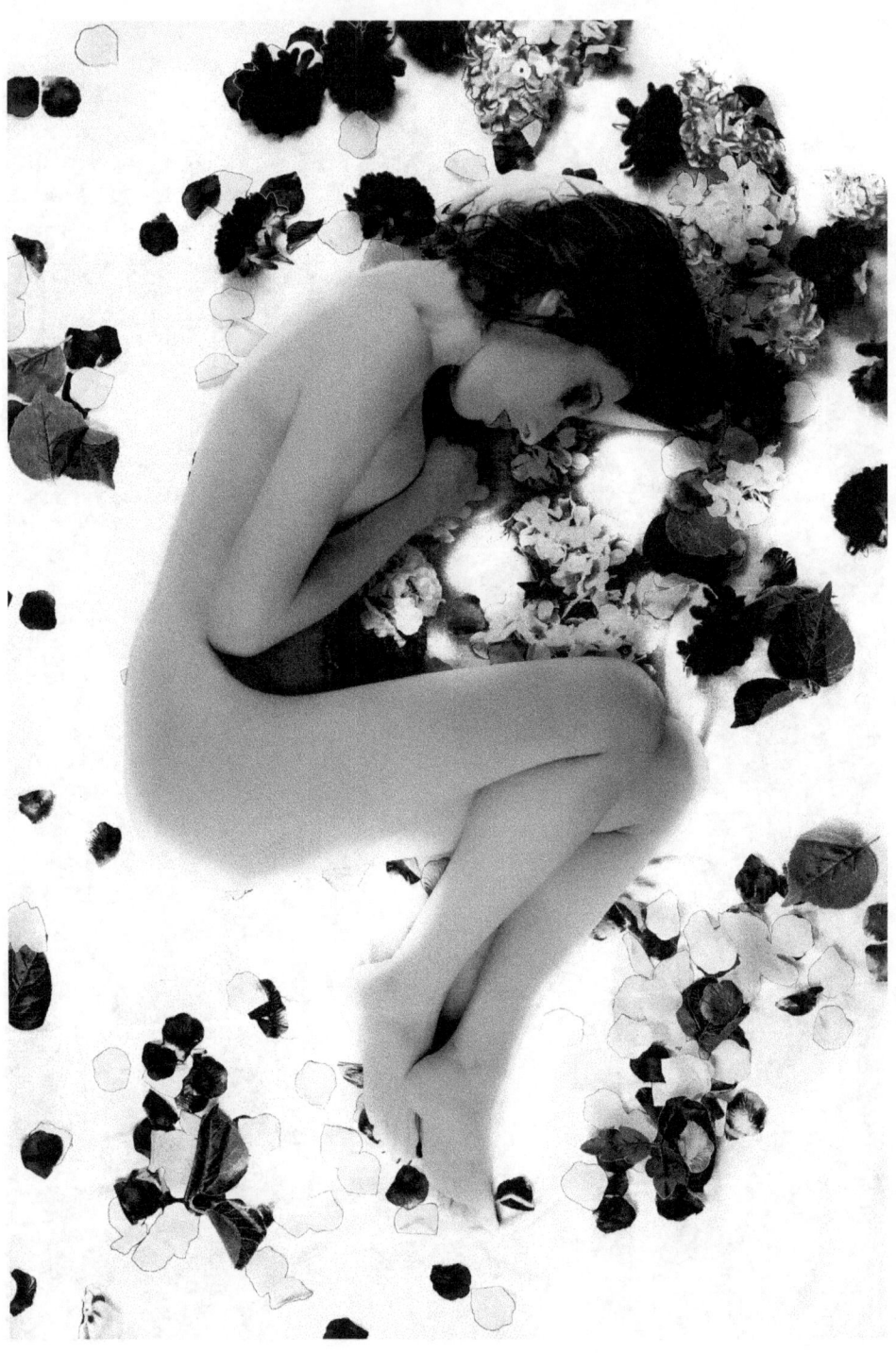

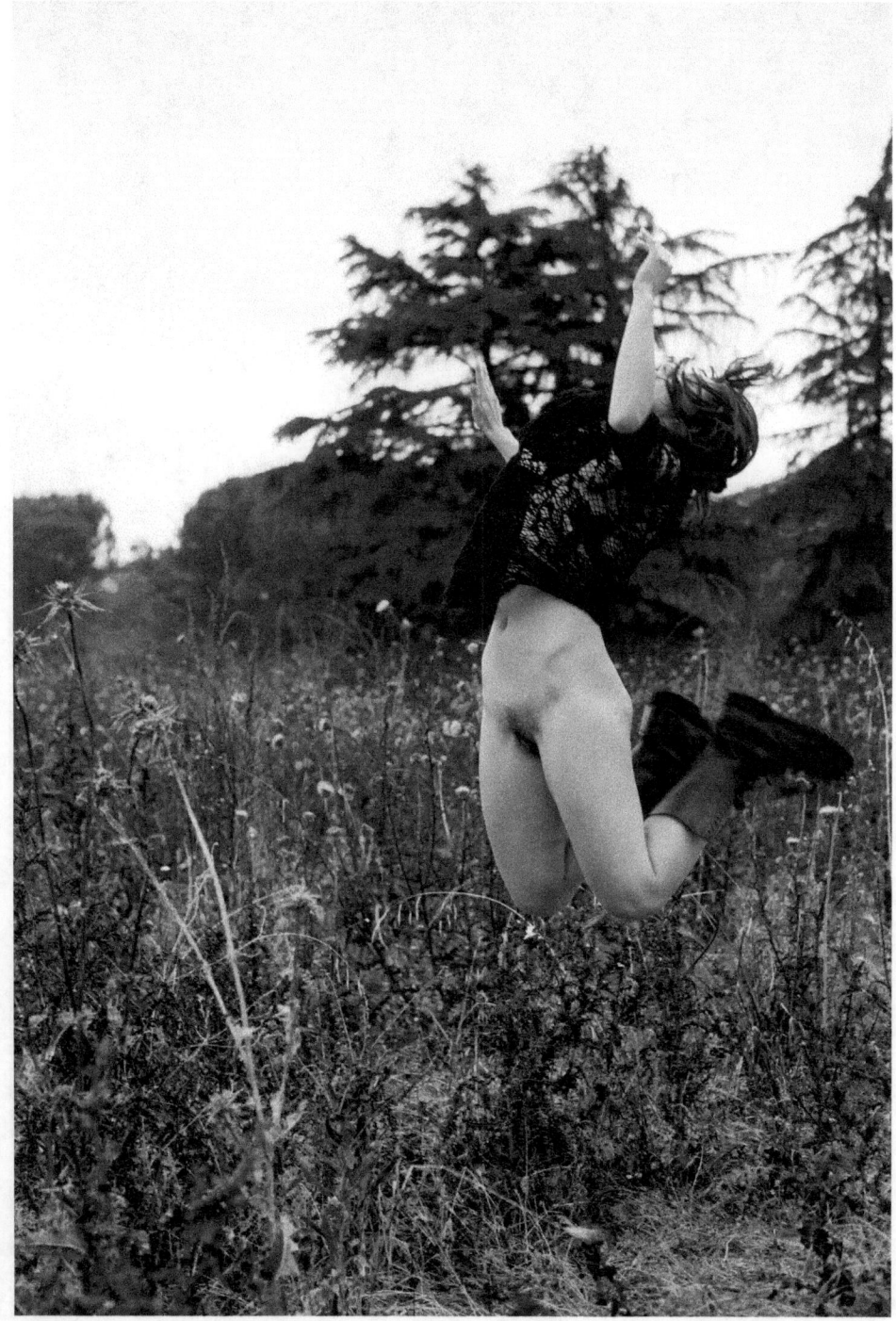

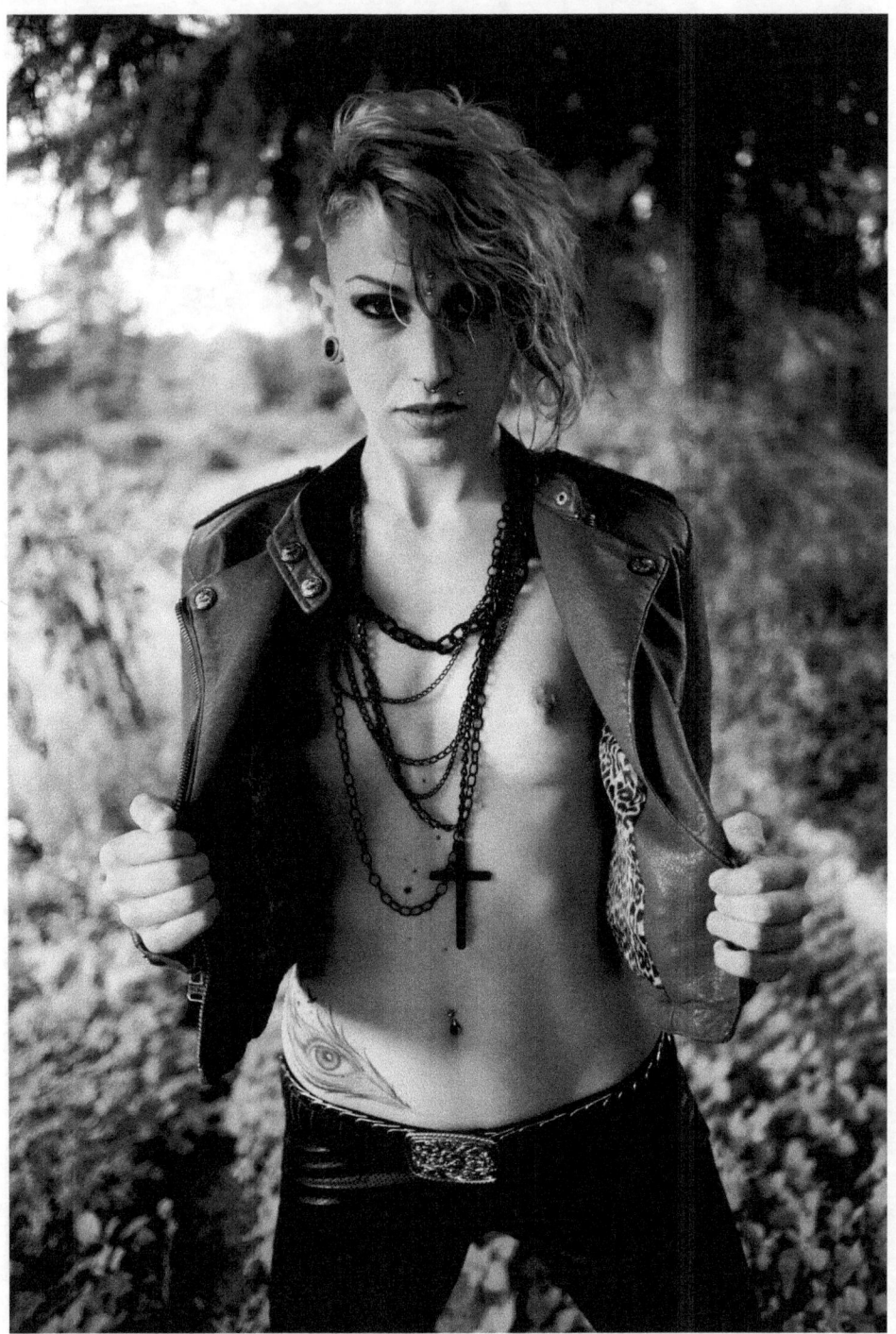

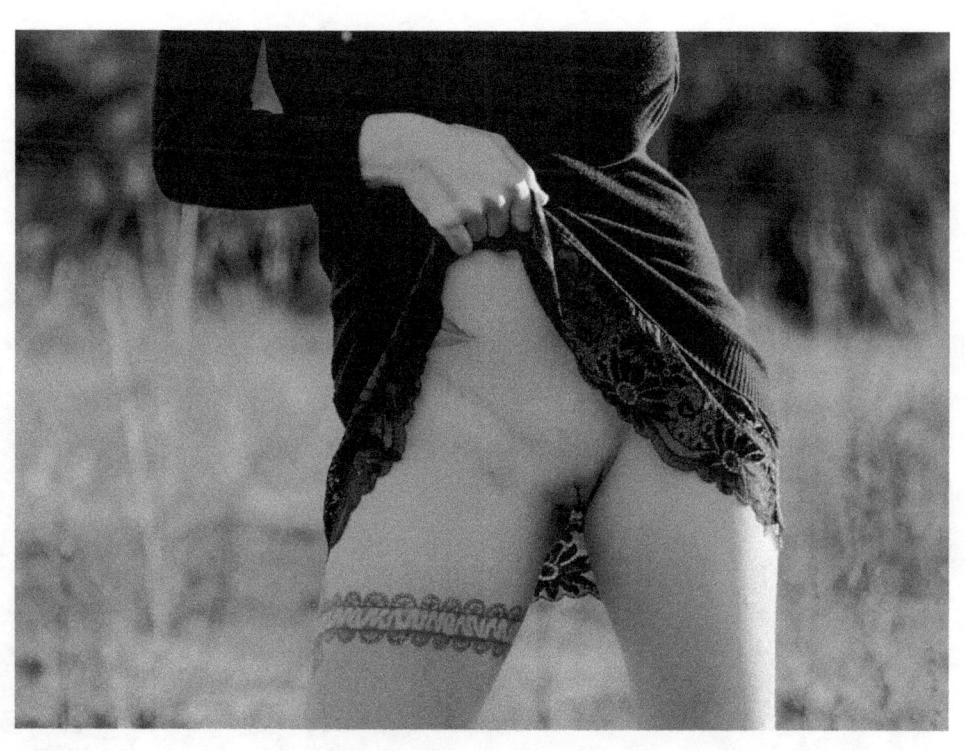

Preferirò sempre le neo-modelle. Non hanno
ancora imparato a posare e quindi sono sempre
in grado di sorprenderti. Le professioniste del
settore, ti faranno fare foto stupende, uguali
alla precedente sessione, e alla precedente,
e alla precedente, e alla precedente
etc. etc.

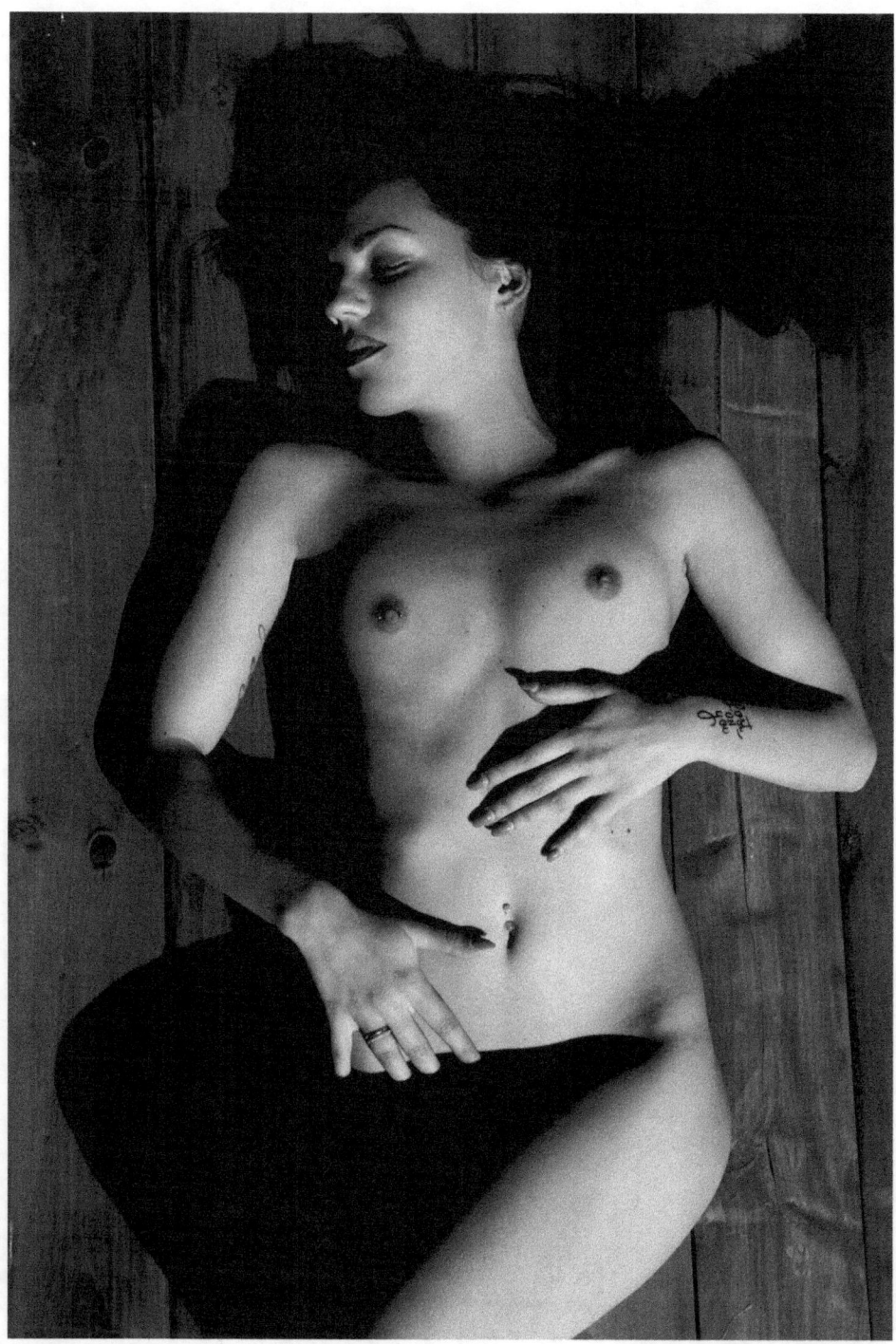

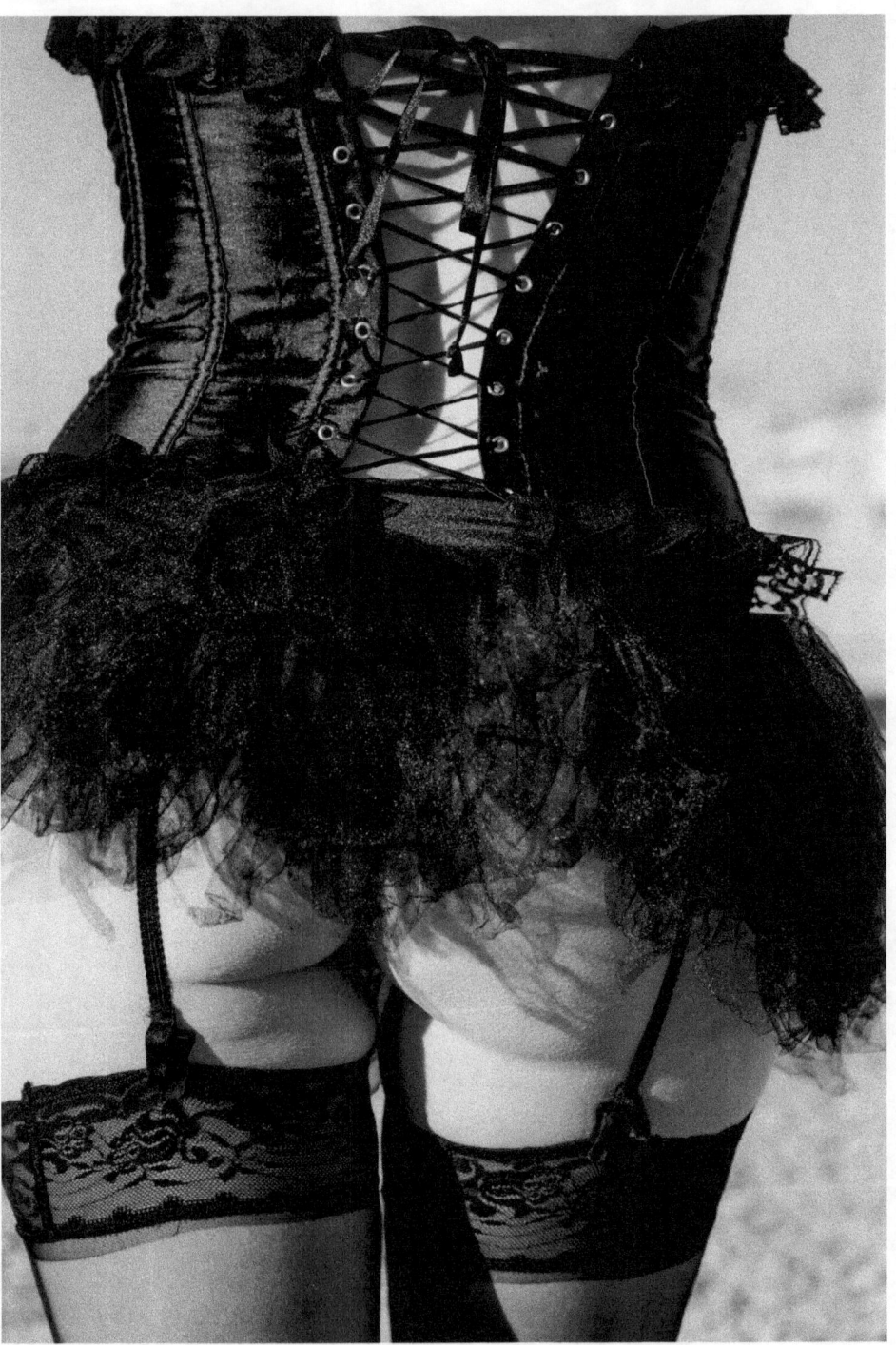

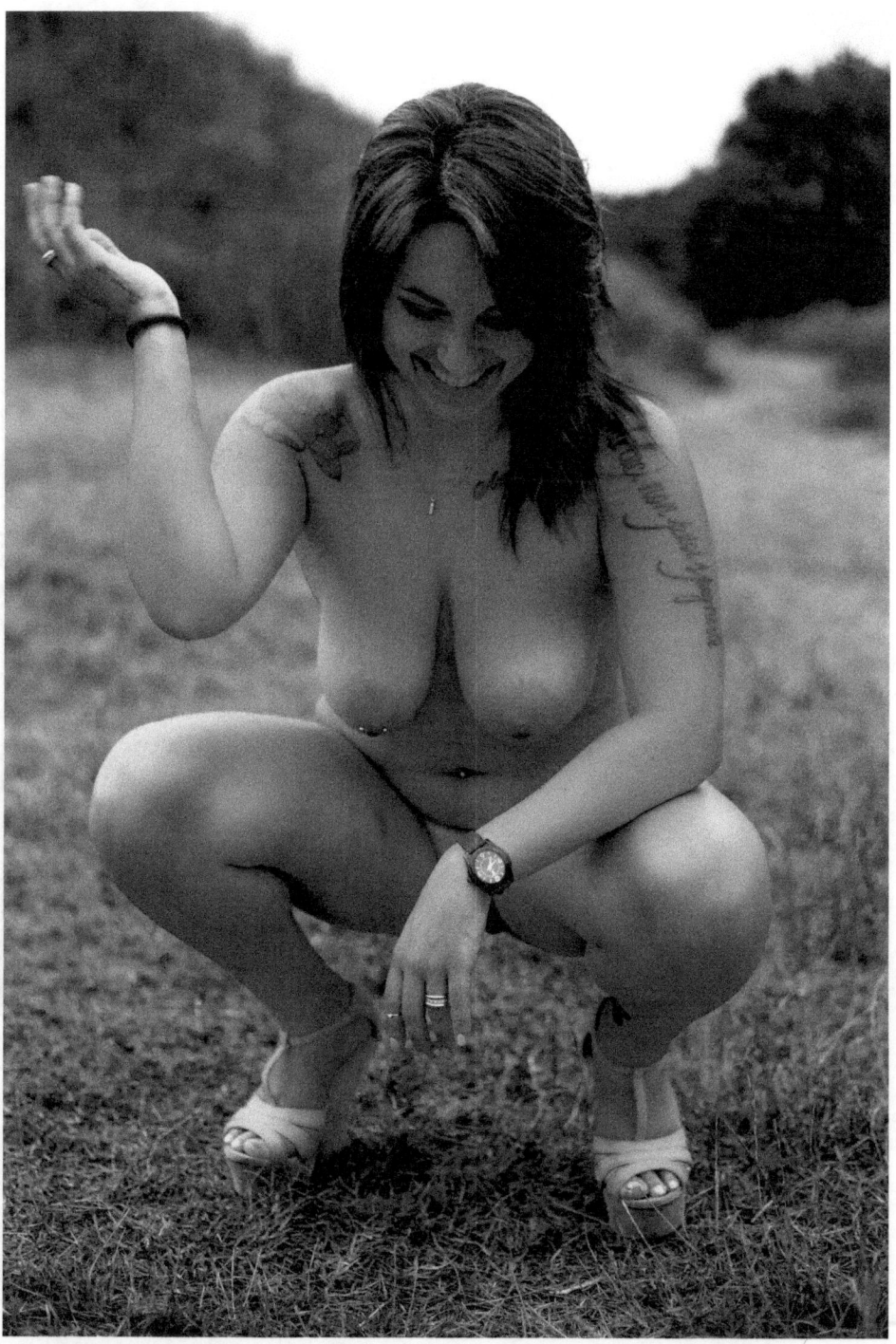

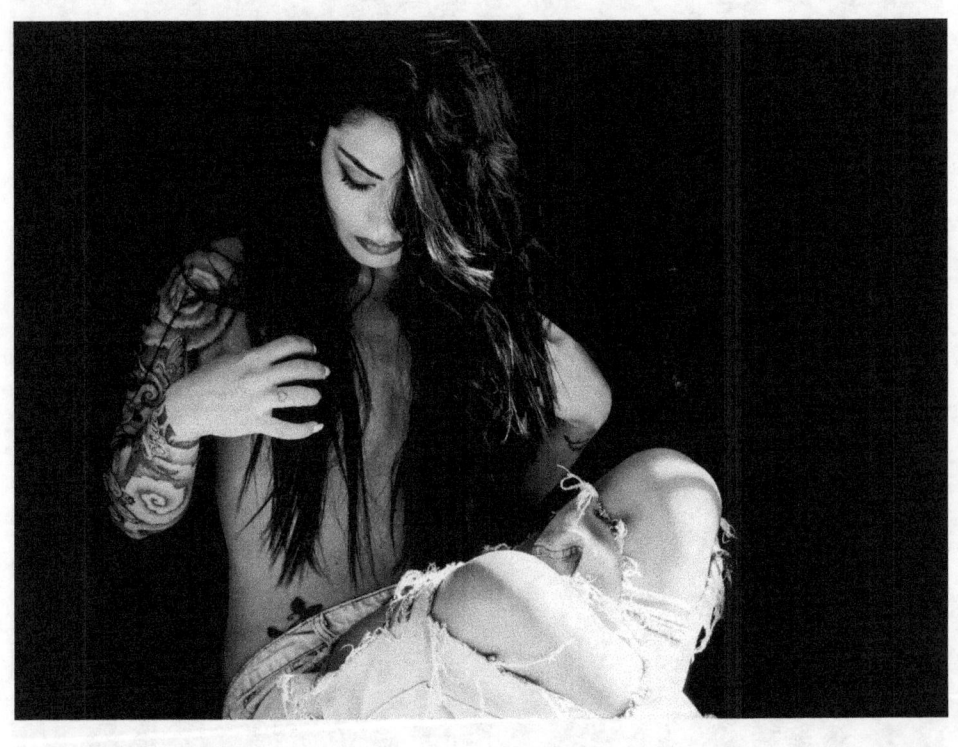

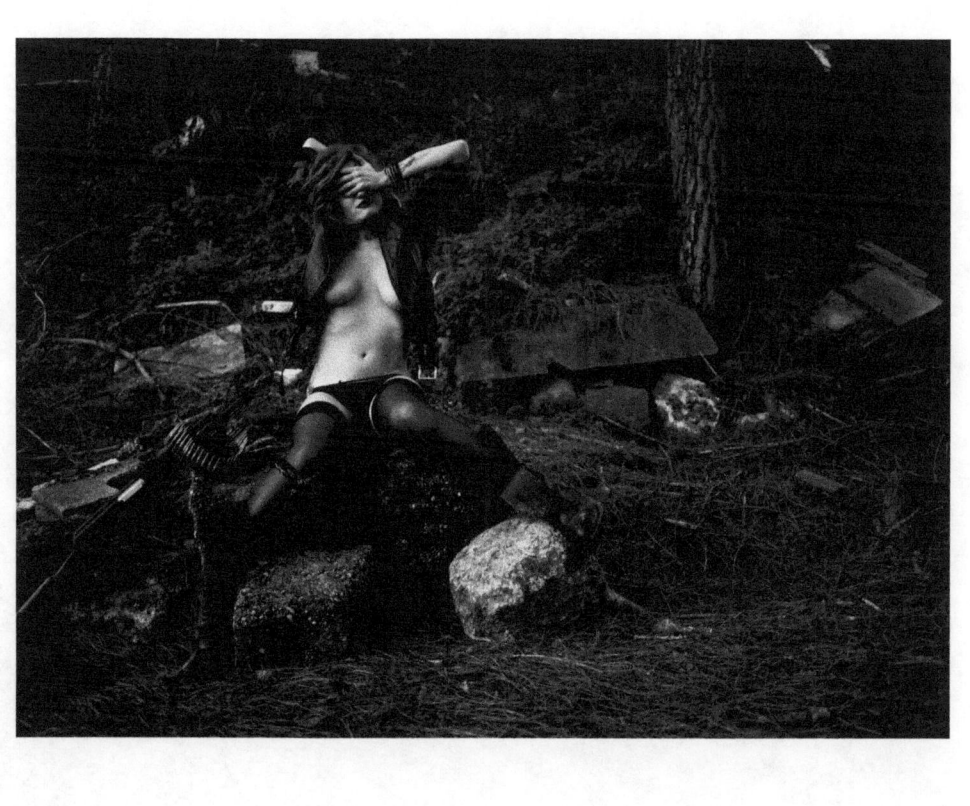

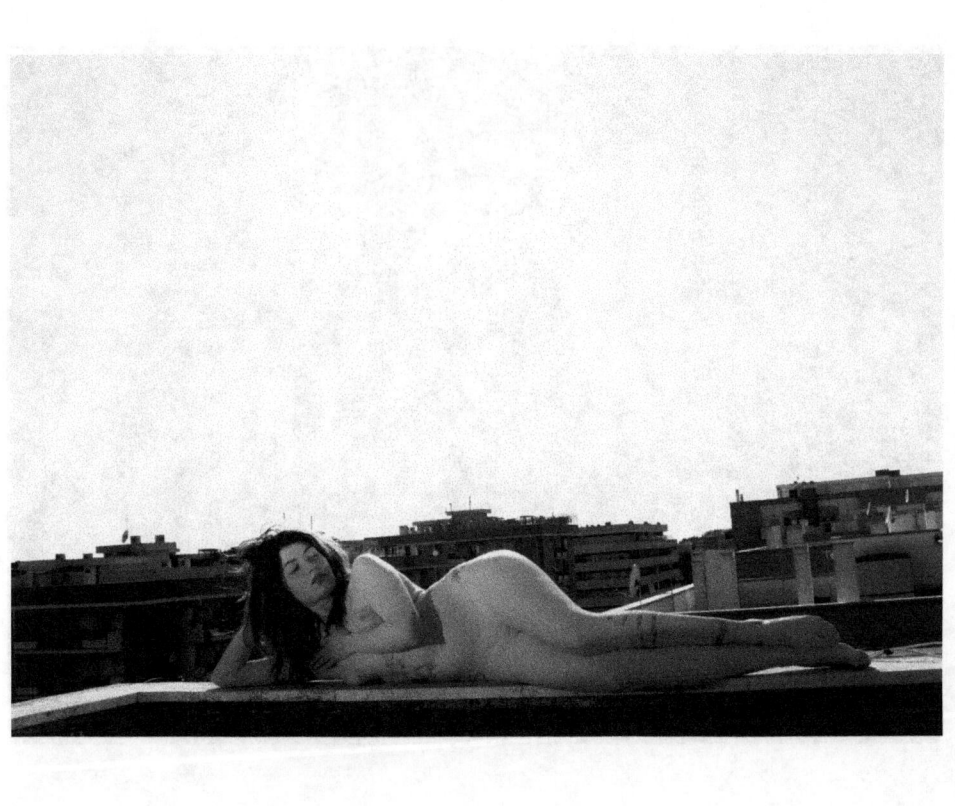

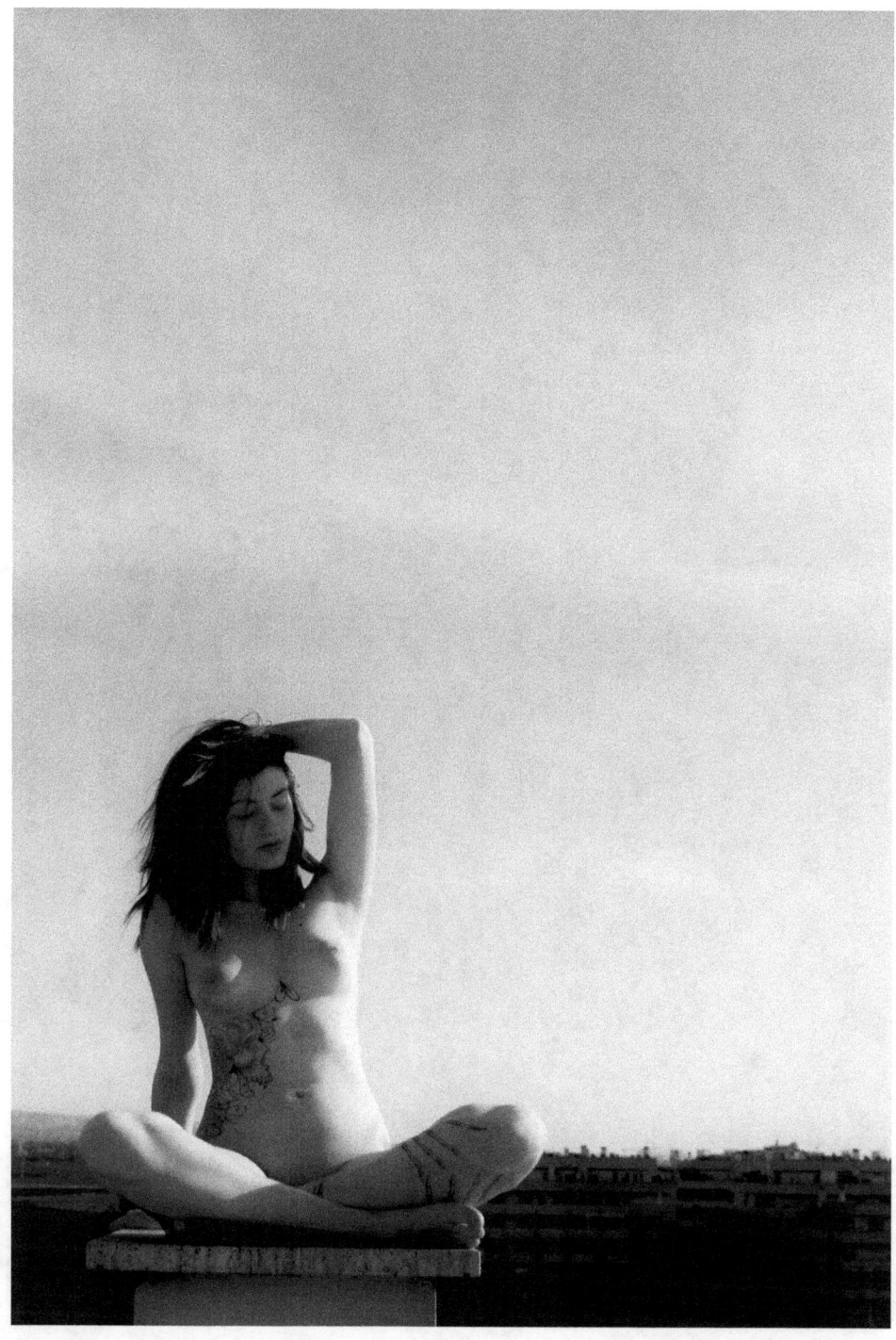

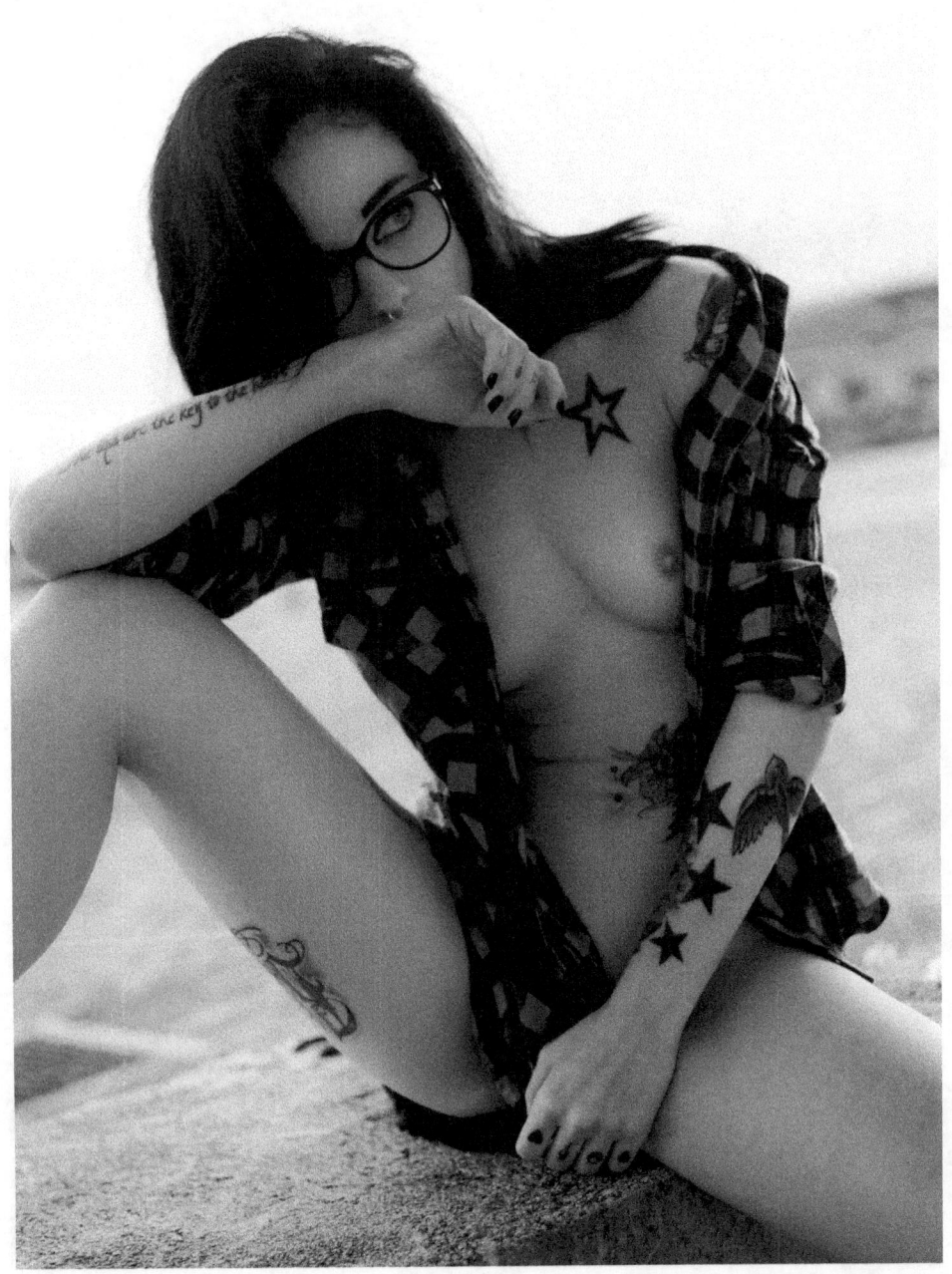

Ho voluto riempire questo libro di foto e pensieri.
Ci sarà sicuramente qualcuno che definirà questi "aforismi" delle grandi stronzate, e permettetemi di ringraziare prima loro.

Loro che di fotografia sembrano sapere tutto. Loro che si sentono sempre in dovere di giudicare il lavoro altrui. Loro che non lo fanno, ma se lo facessero, lo farebbero meglio. Loro che si sono persi dietro all'ultimo modello della Canon. Loro che hanno letto tutto il manuale. Loro che hanno studiato anni. Loro che si spalleggiano a vicenda. Loro che sono boriosi e vanitosi. Loro che non si abbasseranno mai a fare un sincero complimento. Loro che passano la vita a scannarsi sui social networks. E infine: Loro che mi fanno un gran pena.

Fotografia è libertà.

Fanculo a chi dice il contrario.

Come la macchina fotografica, io vedo con un occhio solo. E come lei riesco a controllare il fuoco (sembra assurdo lo so, ma è vero), Come lei mi accorgo dal primo secondo se una persona è fotogenica.
Come la fotocamera, tutto quello che faccio è catturare immagini. Credo di non saper fare altro...
Di sicuro non lo faccio in modo perfetto, e se rispetto qualche regola fotografica è casuale.

Se vuoi fotografare fallo! Smetti di parlarne! Fallo e basta!

David Melani

CREDITS

Moodels:

Fabiana
Chiara P.
Concetta
Martina
Sarah
Francesca F.
Giorgia
Federica M.
Federica G.
Clorinda
Francesca M.
Miriam
Giusy
Alessandra
Altea
Giulia
Arianna R.
Arianna B.
Eleonora
Chiara A.
Emanuela
Michela
Noemi

CREDITS

Make-Up Artist:

Gianluca Terracina

Martina Crugliano

Francesca Faccenda

Noemi Polisena

CREDITS

Photographer:

David Melani

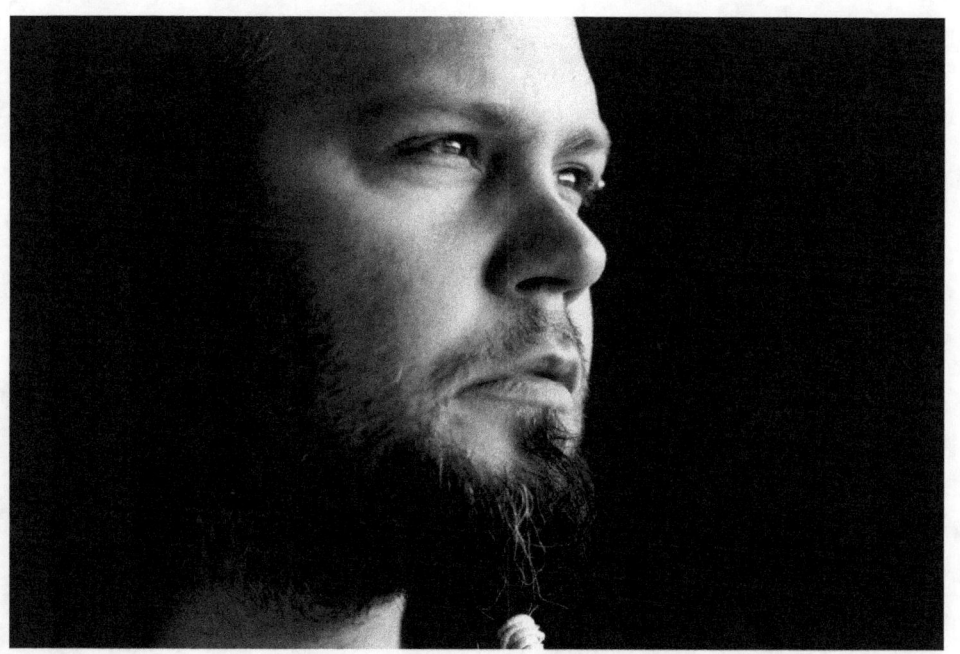

Photo By
Clorinda D'Alonzo

Dedicato a Clorinda

Che senza di lei non avrei mai ripreso la macchina fotografica
in mano.

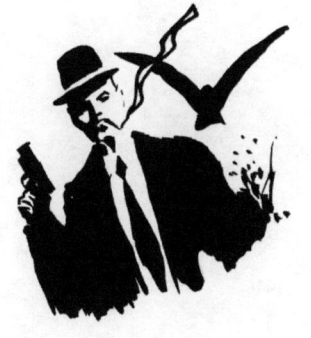